KB192906

어둠의 혼 · 개미귀신

김원일 / 이외수 / 김승옥

농무 일기 / 무진 기행 / 서울, 1964년 겨울 / 역사

SR&B(새로본닷컴)

김량기의 〈약초를 든 소년〉

〈베스트 논술 한국대표문학(전60권)〉을 펴내며

어린 시절의 독서는 평생의 이성과 열정을 보장해 줄 에너지의 탱크를 채우는 일입니다. 인생의 지표를 세울 수 있는 가장 믿을 만한 방법이기도 합니다.

새로 접하는 사물의 이치를 터득하려면 그 정보를 대뇌 속에 담는 프로그램이 마련되어 있어야 합니다. 그 프로그램을 구축하는 가장 효과적인 방법이 지속적인 독서입니다. 독서는 책과 나의 쌍방향적인 대화이며 만남이며 스킨십입니다.

그러나 단순한 독서만으로는 생각하는 힘과 정확히 표현하는 힘을 키울 수 없습니다. 〈베스트 논술 한국대표문학〉은 이에 유의하여 다음과 같이 편찬하였습니다.

① 초·중·고 교과서에 실린 고전 및 현대 문학 작품부터 〈삼국유사〉, 〈난중일기〉, 〈목민심서〉 등 우리의 정신을 일깨워 주고 우리에게 지혜와 용기를 준 '위대한 한국 고전'에 이르기까지 한 권 한 권을 가려 뽑았습니다.

② 각 권의 내용과 특성을 분석하여, '작가와 작품 스터디', '논술 가이드' 등을 덧붙여 생각하는 힘, 표현하는 힘을 키울 수 있도록 각 분야의 권위 학자, 논술 전문가들이 심혈을 기울였습니다.

③ 특히 현대 문학 부문은 최근 학계에서, 이 때까지의 오류를 바로잡아 정확한 텍스트를 확정한 것을 반영하였고, 고전 부문은 쉽고 아름다운 현대 국어로 재현하였습니다.

④ 각 작품에 관련된 작가의 고향을 비롯한 작품의 배경, 작품의 참고 자료 등을 일일이 답사 촬영하거나 수집·정리하여 화보로 꾸몄고, 각 작품의 갈피 갈피마다 아름다운 그림을 넣어, 작품에 좀더 친근감 있게 접근할 수 있도록 하였습니다.

이 〈베스트 논술 한국대표문학〉이 여러분이 '큰 사람', '슬기로운 사람'이 되는 데 충실한 밑거름이 되기를 바랍니다.

〈베스트 논술 한국대표문학〉 편찬위원회

김원일

울릉도에서 이청준과 함께한 김원일(오른쪽)

문인들과 함께한 김원일(오른쪽)

이외수

그림을 그리는 이외수

기타를 치는 이외수

문인들과 함께한
이외수

김승옥

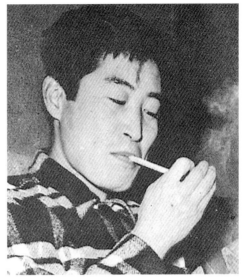

담배를 피우는 김승옥

문인들과 함께한 김승옥(앞줄 가운데)

여행 중의 김승옥(왼쪽)

〈서울, 1964년 겨울〉의 원고

대학 시절의 김승옥(앞줄 오른쪽)

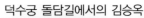
덕수궁 돌담길에서의 김승옥

김승옥의 가족

차례

김원일

어둠의 혼

농무일기

어둠의 혼

아버지가 잡혔다는 소문이 온 장터 마을에 좍 깔렸다. 아버지는 어제 수산 장터에서 붙잡혔다는 것이다. 그래서 어젯밤 진영 지서로 묶여왔다는 것이다.

사람들은 오늘밤에 아버지가 총살당할 거라고들 말했다. 지서 뒷마당 웅덩이 옆에 서 있는 느릅나무에 친친 묶여 총살당할 게 틀림없다는 것이다. 아니면 선바위산 묘지골로 끌려가서 총살당할 거라고들 떠들었다.

병쾌 아버지를 포함해서 아버지와 같은 짓을 했던 마을청년들이 이미 일곱 명이나 총살을 당했기 때문에 아버지도 죽게 될 것이 분명하다. 이제 아버지는 한줌의 연기처럼 자취도 없이 사라질 게다. 그 사라진 연기를 다시 모을 수 없는 것같이 이제 우리 오누이들은 아버지라고 불러볼 사람이 없게 된다. 그것이 슬플 뿐, 다른 생각은 안 난다. 왜냐하면 아버지는 이태 넘어 늘 집에 없었으니깐.

닭을 채어가는 들개처럼 늘 숨어서 어디론가 헤매고 다녔으니깐. 산

지리산 장터목 일대

도둑같이 텁석부리로, 또는 선생님처럼 국방복을 입고 문득 나타났다 잽싸게 사라져 버리는 요술쟁이 아버지. 이제 아버지의 그 요술도 끝이 나고 말았다. 무엇을 위한 요술인지 알 수 없는 요술, 그 요술의 뜻을 내가 미처 깨치기도 전에 아버지가 죽는다는 게 슬플 뿐, 사실 나는 지금 보다 더 큰 괴로움에 떨고 있다.

굶주림이다. 배가 고프다. 지독히 고프다. 그러나 아직 어머니는 안 온다. 보리쌀을 빌러 나간 지가 벌써 언젠데. 두 시간? 그쯤은 되었을 거다. 그렇다, 내가 영어 숙제를 하고 있을 때 나갔으니. 이집 저집 너무 많이 빌어다만 먹었는데 누가 또 빌려 줄려구. 어머니는 하는 수 없이 이모네 집으로 터덜터덜 갔을 거야. 그럼 이모는 틀림없이 어머니한테 욕설을 퍼부을 거야.

그러나 이모는 마음이 착하니 금세 아이구 불상타 새끼들이 불쌍타 하며 쌀 한 되쯤, 아니면 보리쌀 두 되쯤은 빌려줄 테지. 그럼 내일까지는 염려없다. 죽을 쒀먹는다면 모레까지는 걱정없다. 이모네 집에서는 많이도 빌어다 먹었다.

그걸 언제 다 갚을까. 지금은 아무 쓸데도 없는 아버지이긴 하지만, 아버지마저 총살을 당하고 만다면 누가 다 갚게 될까. 아, 나도 이젠 아버지가 없는 아이가 되는구나. 그런데 아버지는 왜 그 짓을 하게 되었는지 몰라. 세상 사람들이 모두 싫어하고 무서워들 하는 그 짓을 왜 하고 다녔는지 몰라.

몇 해 전, 해방이 되던 날만 해도 아버지는 마을사람들과 함께 장터에서 만세를 불렀다. 쨍쨍 내리쪼이는 햇빛 아래서 목이 터져라고 대한독립 만세를 불렀다.

그런데 언제쯤부터인가? 그렇다, 재작년 겨울부터 아버지는 사람의 눈을 피해 숨어서 다니기 시작했었지. 밤을 낮삼아 다니기 시작했었지. 어디론가 감쪽같이 사라졌다간 나타나고, 나타났다간 사라져 버리곤 했었지. 아무도 모른다, 아버지가 무슨 일을 맡아서 그러고 다녔는지는. 마을사람들이 아버지를 두고 쑤군쑤군했고, 순사들이 자주 우리집을 들랑거렸지만 재작년 겨울부터 그들은 아버지를 본 적이 없다. 누가 시켜서 하는 일인지, 누구를 시켜 무슨 일을 하고 있는지 아무도 모른다. 쌀 한톨 생기지 않는 일에 목숨을 걸고 산길을 타고 다닌 아버지의 요술을 어쩜 다른 사람은 알 필요가 없다. 아버지가 하는 짓은 스스로의 문제라는 듯 나에게는 물론 어머니나 이모부에게조차 알리지를 않았으니깐. 꽃이 왜 피는지, 꽃은 향기를 어떻게 만드는지 모르듯 이 세상에는 남이 모를 일이 너무 많으니깐.

국민 학교 이 학년 때던가. 나는 아버지와 산책을 나갔던 적이 있었다. 안개도 자욱한 초여름의 이른 새벽이었다. 이슬에 바짓가랑이를 쫄딱 적신 채 아버지와 나는 들길을 거닐었다. 아버지는 나의 손을 잡았고, 잠으로부터 트이기 시작하는 나의 귀는 종달새의 자랑스러운 재잘거림을 듣고 있었다.

아버지는 물기 맑은 풀잎에서 폴짝 튀어오르는 한 마리의 청개구리를 손바닥에 올려놓았다. 아버지의 손톱만한 그놈의 빛 고운 연초록 등판은 윤기가 쪼르르 흘렀고, 얇고 흰 뱃가죽은 놀람 탓인지 연신 팔딱거리고 있었다.

아버지는 말했다. 요 꼬마놈은 매일 아침 하루도 쉬지 않고 높이뛰기 연습을 한단 말이야. 첫날은 반 뼘을 뛰지만, 이튿날은 한 뼘을 뛰거든. 다음 날은 한 뼘 반을 뛰고 그 다음 날은 두 뼘을 뛰고 그 다음다음 날은…… 아버지, 그럼 나중에 하늘에 닿겠네요. 아니지, 하늘에 닿아 보려고 뛰지만 결국 하늘에는 닿지 못하지. 왜냐 하면 하늘은 끝이 없으니까. 그럼 죽을 때까지 뛰겠네요? 그렇지. 죽는 날까지 매일 뛰지. 참 불쌍한 놈이네요? 아냐, 자기가 뛰고 싶어 뛰니깐. 왜 뛸까요? 그건 아버지도 몰라.

아, 무섭다. 땅거미가 깔린다. 곧 어두워질 것이다. 어둠은 무섭다. 밤이 싫다. 벌써부터 내일 새벽이 기다려진다. 선바위산 뒤에서 해가 솟아오르고 날이 훤해질 때까지 나는 잠을 설칠 것이다. 그래서 날이 밝으면, 왜 내가 어릴 적 그런 거짓말을 했느냐고 묻기도 전에 아버지는 죽고 없을 것이다. 청개구리 말이다.

그런데 어머니는 왜 안 올까. 지서에 갔을까. 마지막으로 아버지를 만나서 울고 있을까. 아니야. 지서에는 가지 않았을 거야. 어머니는 늘 아버지 험담만 퍼부었으니 지서에 가지는 않았을 거야. 조금 전만 해도, 처자식 요렇게 고생만 시키니 죽어도 싸다고 오히려 악담만 퍼붓고는 휭하니 나갔으니 지서에 갔을 리가 없다.

나는 사립문 앞에 쪼그리고 앉은 채 다시 하나 둘 하고 세기 시작한다. 옆집 박 선생네 검둥이가 지나간다. 힘이 없어 보인다. 언제 보아도 그놈은 여위어 있다. 우리 오누이들처럼 뼈만 앙상히 남았다. 비틀거리는 꼴이 곧 죽을는지도 모른다. 나는 학교에 갔다올 때 갑자기 하늘이 노랗게 보일 때가 있다. 그 때는 다리에 힘이 쑥 빠지며 쓰러질 것만 같았다. 그뿐만이 아니다. 사실 난 조회시간에도, 학교에서 돌아올 때도 몇 번이나 쓰러진 적이 있었다. 그럴 땐, 이제 나도 죽는구나, 작년 여름 물에 빠져죽은 내 짝 병쾌처럼 나도 죽는구나, 하는 생각이 번개처럼 머릿속을 스쳐가곤 했었다.

뱃속에서 쪼르륵 소리가 난다. 참 이상하지, 배가 고프면 그런 소리가 나거든. 정말 못 참겠다. 생각을 하지 말자. 밥 생각일랑 잊어버리자. 오늘도 점심을 굶었지. 찬길이 녀석은 참 좋겠다. 매일 도시락에 쌀밥을 가득 싸오니. 그러나 난 찬길이보다 공부를 잘하지. 박 선생이 늘 머리를 쓰다듬으며 갑해야, 넌 가정환경만 좋으면 정말 훌륭한 사람이 될 수 있는데 하고 말했지. 그러나 난 학교도 오래는 다니지 못할 거야. 이모부가 언제까지나 내 학비를 대어 주지는 못할 테니깐.

…… 아흔아홉, 백. 벌써 백까지 세었군. 그런데 엄마는 나타나지 않는다. 나는 장터와 연결되는 다리 쪽으로 눈길을 준다. 나무다리는 이제 제 명을 다한 듯싶다. 다리 바닥에는 군데군데 구멍이 숭숭 뚫려 있다. 사람이 지나갈 땐 삐거덕 소리를 낸다.

달구지가 지나갈 땐 찌거덕 소리를 낸다. 그 다리 위에서 만수 동생이 올챙이처럼 볼록한 배를 드러낸 채 혼자 제기차기를 하고 있다. 녀석네도 우리집만큼이나 가난한데 그래도 오늘 저녁은 알차게 먹은 모양이다. 볼록한 배가 신이 나서 출렁거린다.

우린 왜 이렇게 못 살까. 어머니 말처럼 모두 아버지 탓일 게다. 아버지가 그 짓을 하고 다녔기 때문일 게다. 갑자기 요란한 울음소리가 들린다. 누나가 울고 있다. 누나와 분선이가 쪽마루에 걸터앉아 있다. 누나는 집이 떠나가란 듯 큰 소리로 운다. 나는 엉거주춤 일어난다. 허리를 굽혀 쪽마루 쪽으로 걸어간다.

다리가 후들후들 떨린다. 장독대엔 벌써 어둠이 내려앉아 있다. 뒷편 대추나무는 꼭 귀신 같다. 곱슬한 머리카락을 풀어흐트린 게 무섭기를 들게 한다. 어두워진 뒤에 보는 대추나무는 언제나 한가지 생각을 떠올리게 한다. 열흘쯤 전이던가. 그 때도 그랬다.

밤 열 시쯤 되어서 내가 막 잠이 들려는 때였다. 담을 뛰어넘어왔는지 어쨌는지는 모르지만 순사 두 명이 방 안으로 왈칵 들어왔다. 신을 신은 채였다. 순사들은 소스라쳐 일어난 어머니의 가슴에 총부리를 들이대며 소리쳤다. 배용범이 어디로 갔어? 이 방에 있는 걸 봤는데 금세 어디로 갔어? 이년아, 네 서방을 어디다 숨겼느냐 이거야! 순사는 어머니의 멱살을 틀어잡기까지하며 악을 썼다. 한 순사는 어머니의 허리를 모질게 걷어찼다. 이어 호각소리가 집 주위 여기저기서 요란스럽게 들렸다. 많은 순사들이 집 안을 이잡듯이 샅샅이 뒤졌으나 끝내 아버지를 붙잡지는 못했다.

그 날 밤 사실 아버지는 집에 오지 않았던 것이다. 그래서 순사들은 애꿎은 어머니만 데리고 지서로 돌아가 버렸다. 한사코 버티는 어머니의 머리채를 잡아끌며 순사들이 떠나자, 우리 세 오누이는 갑자기 밀어닥친 무섬기에 꽁꽁 묶이고 말았다.

나는 숨도 제대로 쉬지 못할 지경이었다. 그 날 밤 누나는 큰 소리로 울다 지쳐 잠이 들었고, 분선이와 나는 서로 꼭 껴안은 채 밤새 소리죽여 울었다. 울기조차도 못 하게 했다면 분선이와 나는 기절을 하든지, 아니면 죽고 말았을 것이다. 봉창이 훤해질 때까지 오들오들 떨며 콧물 눈물이 범벅이 된 채 울며 새운 그 밤의 무서움은 정말 지독한 것이었다. 죽어뿌리라, 어디서든 콱 죽고 말아뿌리라. 나는 아버지를 두고 몇십 번이나 이 말을 되씹었는지 모른다. 한밤중 순사들이 밀어닥쳐 집안을 뒤지는 날 밤, 나의 머리에 떠오르는 아버지는 밉다 못해 원수처럼 여겨졌던 것이다.

그 이튿날, 학교 갈 생각도 않고 늘어져 누워 있을 때 어머니가 지서에서 풀려나왔다. 이모가 어머니를 부축해서 데리고 왔다. 어머니의 얼굴은 온통 피멍이 들어 있었다.

어머니는 죽어가는 소리로 아버지를 두고 순사를 두고 쌍말을 섞어가며 마구 욕설을 퍼부었다. 그러나 이제부터 순사들이 밀어닥치지는 않을 것이다. 아버지가 잡혔기 때문이다. 총살을 당할 거라고들 사람들은 말한다. 아버지가 죽고 나면, 그래도 사람들은 우리집을 빨갱이 집이라고 손가락질할까.

대추나무 뒷편 하늘은 벌써 짙은 보라색이다. 나는 보라색을 싫어한다. 손톱에 들이는 봉숭아물도, 닭벼슬 같은 맨드라미꽃도, 코스모스의 보라색 꽃도 다 싫다. 어머니의 젖꼭지 색깔까지도 싫다. 보라색은 어쩐지 아버지의 하는 일을 떠올리게 해주고 어머니의 피멍든 얼굴을 생각나게 한다. 보라색은 또 말라붙은 피와 같고 깜깜해질 징조를 보이는 색깔이다. 옅은 보라에서 짙은 보라로, 그래서 야금야금 어둠이 모든 것을 잡아먹다가 끝내 깜깜한 밤이 온다는 것은 참으로 무섭다. 이 세상에 밤이 없는 곳이 있다면 나는 늘 그 곳에서 살고 싶다.

나는 빛 속에 함께 끼여 놀고 싶고, 또 빛 속에서 자고 싶다. 그러나 아버지는 어둠 속에서 총살당할 것이다.

"언니야, 와 자꾸 우노. 울지 마래이. 오메가 곧 올끼다. 언니야, 니 자꾸 그래 울몬 범이 와서 콱 물어간데이."
하며 분선이가 누나의 손을 쥔다.

그러나 누나는 더욱 큰 소리로 운다. 그렇게 슬픈 목소리도 아니다. 언제나 그렇다. 오직 소리를 지를 뿐이다. 울음이라기보다는 차라리 고함이다. 그러나 눈물은 끊임없이 질질 흐르고 있다. 많은 콧물도 줄줄 흐르고 있다.

변변히 먹지도 못하는데 눈물 콧물은 어디서 저렇게 많이 나올까. 이상스럽다. 물을 많이 먹어서 그럴까. 아니야, 천치라서 그렇지. 누나는 바보다. 아니 천치다. 나는 쪽마루 앞으로 천천히 걸어간다. 배가 흔들리지 않게 걸어야지.

배가 잠을 자고 있는 모양이다. 이젠 배가 아프지도 고프지도 않다. 분명 배가 잠을 자고 있는 모양이다. 빨리 걸으면 배가 잠을 깰는지도 몰라. 잠에서 깨어 뱃속이 빈 것을 보면 쪼르르 하고 울거나 마구 벽을 긁으며 앙탈을 부릴 거야.

"오빠야, 니는 와 자꾸 밖에 나가노. 니도 누부야 좀 달래라. 내사 정말로 몬살끼다."
분선이가 나를 보며 어른스럽게 말한다.

"내 조 문 앞에서 오메 안 기다렸나. 그러니께 니가 좀 달래라. 내사마 말할 기분도 읍는기라. 니 자꾸 이래 말하몬 배가 잠을 깰라 안카나."

나는 분선이 옆 마루에 걸터앉는다. 누나는 자꾸만 칠칠 운다. 상여가 나갈 때 곡하는 소리 같다. 분선이는 동그란 눈을 힘없이 깜박거린다. 사립문을 보고 있다. 나는 누나의 울음소리가 도무지 듣기 싫다.

"누부야, 저거 바라. 오메가 쌀자루 들고 안 오나. 기분이 좋아서 덩실덩실 춤추며 오고 있데이."

나는 거짓말을 해 본다. 누나는 내 말에 속은 모양이다. 울음을 뚝 그치고 사립문 쪽을 본다. 그러나 역시 어머니는 보일 리가 없다. 어둠만이 짙게 배어들고 있을 따름이었다. 누나는 화가 난 듯 더 큰 소리로 울기 시작한다. 그러자 분선이가 뾰로통해져서 말한다.

"오빠 니 와 자꾸 거짓말하노. 니 나중에 천벌 안 받는가 보래이."

그러곤 어깨를 옴싹옴싹 떤다. 저녁의 한기를 느끼는 모양이다. 바람이 분다. 싸늘하면서도 포근한 바람이다. 나 역시 으시시하다. 배가 고프니 그런 모양이다.

갑자기 나도 울고 싶어진다. 콧마루가 찡해 온다. 그러나 나는 마른침을 삼키며 참는다. 울면 배가 더 고프다. 운다고 금세 밥이 생기는 것도 아니다. 지난 겨울 그 추위 속에서도 불 한 번 지핀 적 없는 찬 방에서도 견디어 냈는데. 분선이가 울지 않는데, 내가 왜 울어. 나는 분선이한테 말을 시켜 본다.

"지금 무슨 달인 줄 아노?"

"사월달이지 머꼬."

"오늘이 무슨 요일인지 아노?"

"금요일이지러."

"모레 공일날 나무하러 갈 때 니도 따라 안 갈래?"

"그래, 가꾸마, 오빠야. 그런데 이제 쑥도 늙어서 못 뜯을끼라 그쟈?"

"그래도 진달래는 다 안 졌을끼라. 진달래꽃 따묵고 칠기(칡)도 캐묵자이. 찰칠기는 얼마나 맛있다고. 장터에는 벌써 칠기장수가 많이 나

진달래꽃

왔더라."

"그런데 오메는 와 안 오노. 언니가 이래 울어쌌는데."

분선이의 목소리가 점점 울먹해진다. 분선이는 다시 누나를 달래기 시작한다.

"언니야, 내 노래 불러 주꾸마 울지 마라. 뜸북새 불러 주꾸마 울지 마래이."

그러는 분선이는 정말 기특하다. 분선이는 이제 얼마 있잖으면 사학년이 된다. 공부도 잘한다. 나는 국민 학교 때 늘 둘째를 했고, 분선이는 다섯째에서 맴돈다. 밥만 마음대로 먹을 수 있다면 나는 일등을 할 수 있고, 분선이도 부급장을 할 수 있을 거다.

동네사람들은 분선이를 똑똑하고 귀여운 가시내라고 늘 칭찬한다. 말도 제대로 못 하고 겨우 천천히 걷기밖에 못 하는 아기 같은 누나를 분선이는 어머니처럼 보살핀다.

남들은 다 시집가도 누나는 누가 데리고 갈 사람도 없을 거라고 말하며 분선이는 곧잘 어른스럽게 혀를 찬다. 오줌을 함부로 흘린 누나의 누런 팬티를 어머니가 없을 때는 분선이가 빤다. 빨래방망이를 톡톡 두드리며 분선이가 빨래를 할 때 그 곁에 앉아 히히 웃는 누나가 분선이에게는 항시 귀여운 모양이었다.

아버지도 어머니도 나도 달갑잖게 생각하며 마을사람들이 모두 누나를 싫어하지만 분선이만은 누나에게 천사같이 잘한다.

분선이는 떨리는 목소리로 노래를 부르기 시작한다. 나는 그만 목이 콱 메어 온다. 누나보다도 분선이가 더 불쌍하다. 이젠 나도 정말 울고 싶어진다. 분선이를 꼭 껴안고 그저 울고 싶다. 그러나 꼴깍 침을 삼키며 참는다.

목울대가 떨린다. 앉아 있을 수가 없다. 누나의 울음소리도 귀에 썩 거슬린다. 어둠에 묻혀가는 집도 싫다. 분선이 외에는 모든 것이 싫어진다. 어머니도 누나도, 모든 세상 사람도 다 싫어진다. 나는 마루에서 일어선다. 천천히 걷기 시작한다. 분선이의 노랫소리가 쓸쓸하고 곱게 퍼져나간다. 그러나 노래가 뚝 끊어진다.

"오빠야, 또 어데 가노?"

분선이는 투정하듯 묻는다. 나는 등 뒤로 느끼고 있다. 이제 곧 분선이도 울 거라고. 그러나 나는 걷기를 멈추지 않는다. 눈을 감아 본다. 그래도 분선이의 모습을 지우려고 노력해 본다. 분선아, 난 어떻게 할 수가 없어. 너처럼 착하지도 못 해. 난 누나를 달랠 수가 없어. 그러나 분선이의 물기 젖은 눈동자가 자꾸 내 앞을 막는다. 하는 수 없이 멈춰 선다. 돌아서서 분선이를 보고 말한다.

"오메 찾으러 안 가나. 빨리 찾아와야지러 밥해 묵지, 이모집에 가몬 오메가 있을끼라. 내 얼른 댈꼬 오꾸마. 그래가꼬 우리 쌀밥 해 묵자 이."

더욱 짙게 배인 어둠 건너편 분선이의 얼굴은 하얗다. 표정이 없다. 까만 눈동자만이 어둠살 건너편에서 흐려진 것 같다. 속이 쓰려 오기 시작한다. 가물가물하는 내 눈에 하얗게 돋보이는 분선이의 얼굴이 아래위로 끄덕거린다.

누나는 기진맥진해진 목소리로 아직 울고 있다. 보이지는 않지만 침을 흘리고 있겠지. 나는 돌아선다. 걷는다. 사립문 곁 꽃밭은 음침하다. 애써 구한 씨를 분선이와 함께 뿌린 꽃밭이다. 백일홍도 분꽃도 채송화도 아직 모종티를 벗지 못하고 있다.

해바라기가 그 중 제일 잘 자랐다. 벌써 숟갈만한 잎을 의젓하게 벌리고 있다. 그런데 어둠 속에서 꽃밭은 침침하다. 사실 꽃밭만은 밤낮을 가리지 말고 좀 밝았으면 싶다. 꽃밭까지 어두워진다는 것은 하느님이 세상을 만들 때 무엇인가 잘못한 듯하다. 언제 보아도 꽃밭은 푸르고 알록달록해야지. 겨울도 꽃밭 주위만은 비켜나가야지.

나는 대문을 나선다. 공동 우물터에서 여자들이 떠드는 소리가 들린다. 두레박이 돌벽에 부딪쳐선 물 위에 철썩 떨어지는 소리가 차갑게 들린다. 까르르 웃는 소리도 들린다. 무슨 이야기들을 하고 있을까. 마을의 온갖 잡소문을 다 떠벌이고 있을 테지. 그러자 우물터에서 이야기하는 말이 내 귀에 들린다. 그 말은 통나무를 쪼개는 쐐기처럼 내 귀에 아프게 박힌다.

"똑똑한 사람 죽는구만. 우쩌면 몇 해 사이에 사람이 그렇게 변할끼고."

"애들이 불쌍한기라. 천치 분임이를 두고라도 갑해랑 분선이가 안 그렇나. 쯔쯔."

나는 그 소리가 듣기 싫어 걸음을 빨리 한다. 눈물이 빙글 돈다. 아낙네들의 이야기를 듣자 왠지 아버지가 가여워진다. 배만 고프지 않다면

무섭긴 하지만 지서로 가 보고 싶다. 꽁꽁 묶여 있을까, 매를 맞고 있을까. 피를 흘리는 아버지 얼굴이 떠오른다. 울부짖고 있을 얼굴도 떠오른다.

해방 되던 해 가을이 생각난다. 추석날이었다. 어머니는 집에 있고 우리 오누이는 아버지와 함께 성묘를 갔었다. 아버지는 누나를 업었고 분선이와 나는 손을 잡고 걸었다.

폐가 나빠 젊었을 때 세상을 떠나셨다는 할아버지의 무덤은 산을 두 개나 넘은 오치골에 있었다. 그 곳에는 할머니의 무덤도, 할아버지의 어머니, 아버지 무덤도 있었다. 산길은 단풍빛도 고왔다. 내 키보다 더 자란 갈대들이 눈부신 햇살을 받고 바람에 몸을 흔드는 것도 유쾌했다. 발 밑에서 부서지는 낙엽소리도 듣기가 좋았다. 다람쥐도 보았고, 산딸기도 따 먹었고, 여치도 보았다.

분선이는 들까불며 노래를 불렀다. 걸어도 걸어도 다리 아픈 줄 몰랐다. 아버지는 말했다. ……그래서 말이야, 난 아버지 얼굴도 모르지. 그때 우리 집은 참 잘 살았던 모양이야. 그러나 네 할아버지가 삼 년을 앓으시다 보니 약을 쓴다고 논을 다 팔고, 돌아가셨을 땐 겨우 나 하나를 키울 정도의 논밖에 없었던가 봐. 그러니깐 네 할머닌 머슴 하나와 나를 데리고 혼자 사시다가 돌아가셨지.

내가 일본서 고학을 하며 공부할 때 돌아가셨다는 기별을 받았어 …… 아버지는 나에게 들려주는 말이었으나 꼭 그런 것만도 아닌 듯했다. 왜냐 하면 그 때만 해도 나는 너무 어렸고, 아버지는 심심하시니깐 그저 자기한테 이야기하는 거였다. 성묘를 하고 무덤에 벌초까지 끝내자 아버지와 우리 오누이들은 싸가지고온 과일과 떡과 달걀을 나누어 먹기도 했다. 그 때 나는 아버지를 좀 곯려주고 싶어 대뜸 어려운 질문을 꺼냈다.

그 질문은 그즈음 우리들 또래에서 이상한 수수께끼로 나돌아 선생을 곯릴 때도 싱거운 아이들이 그 질문을 불쑥 던지고 했던 것이다. 아버지, 이 세상에 맨 처음 달걀이 먼저 나왔게요, 닭이 먼저 나왔게요? 나의 당돌한 질문을 받자 아버지의 얼굴에 당황하는 빛이 지나갔다. 아버지는 입을 꼭 다문 채 한참을 무엇인가 곰곰이 생각하는 듯했다. 그러더니 나를 물끄러미 건너다보며 내가 알아맞혀 볼까 하였다.

그래요, 맞혀 보세요. 나는 침을 꼴깍 삼키며 아버지의 꾹 다문 입술만 뚫어지게 바라보았다. 답은 간단하지. 닭이 먼저냐 달걀이 먼저냐 하는 답은 말이야. 아무도 몰라, 이 세상에 어느 누구도 몰라. 나는 아버지의 대답에 실망하고 말았다.

피, 그런 답이 어딨게, 나도 그런 답은 할 수 있어요. 그러자 아버지는 힘주어 말했다. 너도 학교에서 조금은 배웠겠지만 닭과 달걀의 조상을 쭉 따라올라가면, 몇억 년을 거슬러올라가면 암놈 수놈이 한몸이었을 때가 있었지. 그 땐 물론 사람이 생겨나지도 않았을 때니깐 말이지. 그럴 때 과연 어떤 게 먼저 나왔는지 알 사람은 아무도 없지. 어떤 훌륭한 학자라도 추측조차 할 수가 없어.

그러니까 그 답은 모른다는 게 옳은 답이야. 나는 풀이 죽어 말했다. 그래도 어디 그럴 수가 있어요? 아니야 넌 답이란 반드시 맞다, 아니면 틀렸다 두 가지뿐인 줄만 알지? 그래요, 모른다는 건 답도 아니고 아무 것도 아녜요. 모른다는 건 모르기 때문에 모른다고 말하는 거여요. 아냐, 닭과 달걀이 누가 먼저 생겼느냐란 질문에는 '모른다'가 답이야. 닭이 먼저 나왔다는 것도 틀리고, 오직 모른다는 것만이 백점이야. 너도 자라나면 차츰 알게 되겠지만, 이 세상은 참 수수께끼란다. 모른다는 것이 맞는 답이 참 많거던.

다리를 건너면 함안댁, 다음 집이 판쟁이댁이다. 그 다음은 장터다. 함안댁에서는 곧잘 구수한 냄새가 난다. 떡을 찌는 냄새는 언제나 구수하다. 그러나 오늘은 아무 냄새도 안 난다. 그렇지 내일이 김해장이다. 모레가 가숩장, 낼모레가 진양장이지. 김해장은 멀다. 그래서 함안댁은 내일 떡을 팔러가지 않는다.

그러니 떡을 찌지 않겠지. 나는 함안댁의 낮은 담 너머로 안을 들여다본다. 마당은 어둠 속에 비어 있다. 방문에는 벌써 불이 훤하다. 새끼를 꼬고 있는 판돌이의 그림자가 보인다. 지난 겨울 내내 판돌이는 바깥 출입을 하지 않았다. 방에만 틀어박혀 새끼만 꼬아온 것이다. 마을 아낙네들이 우물터에서 판돌이를 두고 이야기하던 소리를 나도 들은 적이 있었다.

나이도 열여덟 살밖에 안 된 애놈이 어떻게 저렇게 부지런한지 알 수가 없군. 이제 꼬박 삼 년만 지내면 딸 주려는 집 많을 거야. 이번 겨울만 해도 그 많이 꼰 새끼를 팔면 송아지 한 마리는 넉넉히 살 거야. 이따금 짚을 잡아올리는 판돌이의 그림자만 보일 뿐 방 안에서 들리는 소리는 없다.

　해방되기 전에 아버지는 역 아래 철하에서 야학당을 차린 적이 있었다. 학교에도 가지 못한 청년들과 처녀들을 모아 글을 가르친 것이다. 나도 몇 번 그 야학당에 놀러간 적이 있었다. 등잔불 아래 스무 명 남짓한 젊은이들이 열심히 공부를 하고 있었다.

　그 중에 판돌이도 끼어 있었던 것이다. 아버지는 말한 적이 있었다. 판돌이는 참 머리가 좋아. 그렇게 한글을 빨리 깨치는 애는 처음 봤어. 그러나 야학당도 대동아 전쟁이 한창인 무렵 문을 닫고 말았다. 그 뒤로부터 아버지는 집에 있는 날이 별로 없었다. 부산으로 서울로 무슨일 때문인지 나다녔다.

　한 달 또는 두 달씩 집을 비우다가 불쑥 나타나서 며칠을 못 있다 다시 떠나곤 했다. 집에 있을 때도 어떤 책인지는 모르지만 가지고 온 두툼한 책만 열심히 읽었다. 어머니가 이모한테 말한 적이 있었다. 갑해 애비가 아마 그 때부터 그놈의 사상인지 뭔지에 미쳤나 봐요. 사람이 어떻게 그렇게 변할 수가 있담. 참, 사람 일은 알 수 없어. 사람이 벙어리가 아닌 다음에야 그렇게나 말이 없을 수 있겠어요. 며칠을 꼼짝않고 지내다간 온다간다 말도 없이 사라져 버리니 미쳐도 보통 미친 게 아니란 말이에요.

　함안댁에도 어머니가 없는 것이 분명했다. 있을 리가 없다. 이제 함안댁은 우리 집에 보리쌀도 빌려 주지 않을 테니깐. 지난 주에 함안댁과 어머니가 몹시 싸웠던 것이다. 빌어다 먹은 보리쌀을 갚지 않는다는 것이 싸움의 원인이었다.

　그러나 분선이나 나는 함안댁한테 떡도 자주 얻어먹었다. 함안댁은 어머니하고는 사이가 좋지 않지만 아이들을 참 좋아한다. 나는 자주 그 인정 많은 함안댁이 어머니였으면 하고 생각한다. 언젠가 함안댁을 보고 어머니라고 불러 본 꿈도 꾸었지.

판쟁이집 앞을 지나다 끝순이를 만난다. 판을 만들어 파는, 온몸에다 푸른 문신을 해박은 술주정뱅이 추씨의 맏딸이다. 끝순이는 눈이 조그맣다. 코도 밋밋하다. 거기다 살짝곰보*다. 분선이와는 같은 반이다. 끝순이는 나를 말끄러미 보며 말한다.

"갑해야, 분선이 집에 있지러?"

나는 머리를 끄덕여 준다. 분선이한테 또 산수 숙제 공책을 빌러 가는 모양이다. 나는 장터로 들어선다. 넓은 장터에는 흙먼지가 풀풀 일고 있다. 휴지와 지푸라기들이 흙먼지에 휩쓸린다. 으시시 춥다. 목을 잔뜩 움츠린다. 장터 가운데는 아이들이 어둠 속에서 뛰놀고 있다. 고함을 빽빽 질러 대는 꼴이 모두 저녁밥은 먹은 모양이다.

시장 건물엔 벌써 깜깜한 어둠이 끼었다. 초저녁달이 떠서 그런지 거기만 더 어둡게 보인다. 시장 건물 쪽에서 합창으로 불러 대는 유행가 소리가 들린다. 틀림없이 밤송이처럼 머리칼을 기른 녀석들이 처녀를 꼬여내려고 저렇게 수작을 부리고 있는 모양이다. 나는 천천히 걷는다. 장터 아래쪽으로 내려간다.

이모는 술장사를 한다. 장터에서는 제일 큰 술집이다. 술을 따라 주는 색시도 있다. 이모네 집은 장터에서 소방서로 내려가는 어귀에 있다. 나는 담뱃집 앞을 지난다. 찬길이형이 담배를 사고 있다. 찬길이형은 일본서 대학을 다니다 학병에 끌려갔었다. 해방이 되자 외팔이가 되어 돌아왔다. 그 뒤부터 실성한 사람처럼 매일 술만 마시고 지낸다. 찬길이형은 담뱃갑 껍질을 입으로 물어뜯는다. 한 가치를 빼어 문다. 그러나 무슨 생각인지 입술에 문 담배를 칵 뱉고는 내쪽을 힐끔 돌아본다. 담뱃집에서 내비치는 호롱불빛에 술취한 눈이 번들거린다. 찬길이형이 불쑥 묻는다.

---

* 살짝곰보 약간 얽은 얼굴. 또는 그런 사람.

"자슥아, 네 애비가 죽는데 넌 지금 어델 홰질러 댕기는 거야?"

"……."

"미친놈의 세상. 뭣때매 싸움들인지 몰라. 흥, 죽어라, 죽어 뒈질 놈은 뒈져 버려라. 그게 더 편한 세상이니깐."

찬길이형은 심술궂게 내뱉는다. 그러더니 끄윽 하고 트림을 한다. 찬길이형네 집은 장터에서 제일 부자다. 집도 고래등 같고 논도 많다. 방앗간도 있고, 과수원도 있다. 찬길이형은 비틀비틀 내려간다. 잠시 걷더니 담벽에 기대선다. 나도 멈춰선다. 찬길이형은 토하기 시작한다. 손가락을 입 속에 쑤셔넣고 토한다. 초저녁인데 벌써 꽤나 마신 모양이다.

"제가 무슨 볼셰비키라고 오뉴월 개처럼 제물이 되겠다는 게야. 차라리 유관순처럼 진작 못 죽고, 해방된 마당에서 동포의 손에 개값도 못하고 죽어……."

나는 잠시 아버지 생각에 휘말린다. 아버지는 왜 여태껏 도망만 다녀야 했을까. 빨갱이란 얼마만큼 나쁜 사람들이기에 잡기만 하면 총살을 시킬까. 재작년 밀양의 '조선 모직 회사'에서 번진 방화 사건, 그때부터 순사들이 눈에 불을 켜고 아버지를 찾기 시작했지. 사람들은 말했다. 빨갱이짓을 하면 천벌을 받게 된다고, 빨갱이짓을 하려면 숫제 삼팔선을 넘어가서 해야 마음놓고 할 수 있다고, 그런 말을 사람들은 쉬쉬하면서 낮게 소곤소곤 말한다.

그런데 아버지는 왜 그런 짓을 하게 되었을까. 거기에 대해서는 아무도 말해 주지 않는다. 그러나 나도 언젠가는 알게 될 것이다. 달걀이냐, 닭이냐에 대한 질문에서 아버지가 대답한 답을 깨칠 때쯤이면 나도 모든 것을 알게 될 것이다.

찬길이형은 이모네 집 유리문을 드르륵 연다. 나는 이모네 집 큰 대문으로 들어갈까 하다가, 찬길이형의 뒤를 따라 얼른 들어간다. 안은 구수한 냄새가 꽉 차 있다.

구수한 냄새가 서린 김이 천장에 자욱하다. 유리갓을 씌운 등잔 두 개가 부유스름한 빛을 내비치고 있다. 나무 술상을 앞에 놓고 술꾼 서넛이 술을 마시고 있다. 한 사람이 탁 갈라진 목소리로 노래를 부르고 있다. 다른 사람들은 젓가락으로 술상을 치고 있다. 찬길이형은 그들과 한패가 아닌 모양이다. 외딴 자리에 털썩 주저앉는다. 문옆에 섰던 색시가 찬길이형의 빈 잔에다 술을 따른다.

"어, 화자야, 술 좀 따러라. 오늘 저녁에 한판 쥐몬 니 하나쯤은 하이 야(택시)에 태워 부산서 메칠 호강시킬 수 있데이. 추중걸이가 이래봐 도 목통 크고 활량이다."

판쟁이 추씨가 고함을 지른다. 그러나 색시는 팔짱을 낀 채 코웃음만 친다.

"노름 좋아하는 인간들치고 그 정도 허풍도 못 떨면 숫제 죽는 게 낫 지."

색시는 튕기듯 말한다. 내게 눈을 준다. 뽀하얗게 화장을 한 얼굴이 다. 방긋 웃는다.

"울 오메 여기 왔지예?"

나는 색시에게 물어 본다. 색시는 그래그래 하고 건성으로 대답하며 내 머리를 쓰다듬는다. 손은 붉고 크다. 그러나 어머니의 손보다는 곱 다. 분냄새가 코를 콕 찌른다. 쪼르르 배가 끓는다. 나는 슬그머니 부끄 러워진다. 더 이상 있을 수가 없다. 나는 작은 미닫이문을 열고 이모네 집 큰채로 들어간다. 더 이상 참을 수가 없게 배가 고프다.

저쪽 안쪽 마루에 등이 달려 있다. 그 마루에 어머니와 이모가 앉아 있다. 어머니가 무슨 이야긴가를 하고 있다. 이모는 장죽을 쪽쪽 빨며 이야기를 듣고 있다.

어머니를 보니 갑자기 가슴이 뛰기 시작한다. 어머니 곁에는 큼지막한 자루 하나가 놓여 있다. 쌀이든 보리쌀이든 어쨌든 양식인 모양이다. 이빨을 드러내고 히부죽이 웃을 누나의 얼굴이 떠오른다. 기운이 난다. 저 자루를 가져가 밥을 하게 된다면, 부엌 앞에 쪼그리고 앉아 부지깽이로 솔가지를 밀어넣으며 쫄랑쫄랑 노래를 부를 분선이의 꽃같이 밝은 얼굴이 떠오른다. 맥이 탁 풀린다. 이젠 살았구나 하는 생각이 든다. 어머니와 이모 사이에 갑자기 뛰어들기가 멋쩍어진다. 그 때 어머니의 목소리가 높아졌다.

"성님 말도 마이소. 인자 우리는 우예 살꼬. 밉든 곱든 서방인데 저래 죽고 나면 초롱 같은 세 자슥 데불고 우예 살꼬……."

마침내 어머니는 징징 울기 시작한다. 나도 갑자기 서러워진다. 눈에 눈물이 핑그르 돈다. 콧마루가 시큰하다.

"네 형부가 지서로 가긴 갔구만은 그 큰 죄를 지었으니 무슨 할 말이 있겠노. 시집 한분 잘못 가서 니가 이 험한 꼴 안 당하나."

이모는 측은한 목소리로 어머니를 달랜다.

"아이고, 내가 전생에 무슨 죄가 많아서 이 고생이고. 성님 성님, 내 팔자 와 이래 험한교, 오메는 살아 생전에 내 귓밥 커서 잘 살끼라 카더마는 와 이래 요모양 요꼴로 지지리 가시밭길인교."

어머니의 울음소리가 점점 높아진다.

"오메."

나는 어머니를 부른다. 꾀죄죄한 광목치맛자락으로 눈두덩을 훔치던 어머니가 나를 본다. 울상이던 어머니의 얼굴에 노기가 서린다. 눈을 부릅뜬다. 어머니는 눈이 크다. 그래서 겁이 많다. 나는 어머니의 눈을 닮았다. 그래서 겁도 많다. 어머니의 날카로운 고함이 내게 떨어진다.

"이노무 빌어묵을 자슥아. 집에 처박혀 있잖고 머하러 왔노?"

그러자 이모가 내 편이 되어 준다.

"불쌍한 애놈이 무슨 죄가 있다고, 쯔쯔. 갑해야, 여온나."

나는 비슬비슬 이모 곁으로 다가간다. 이모는 댓돌에다 장죽을 톡톡 턴다. 두툼하고 미끄러운 손으로 내 어깨를 토닥거린다.

"갑해야, 배고프제? 니는 여기서 밥 좀 묵고 가거라. 갑해야 갑해야, 니사 얼매나 똑똑하노. 그러니께 이모부가 니 공부시켜 주고 안 있나. 크거들랑 큰사람이 되거라이. 니 애비맨쿠로 미친짓 하지 말고 열두 대문 담장치고 살거라. 니 그래 되도록 내가 살아얄낀데."

이모의 단 입김이 귓밥을 스친다. 술냄새가 물씬 풍겨 온다. 손님이 주는 술을 또 받아마신 모양이다. 이모는 술만 마시지 않으면 참 좋은 분이시다. 조금만 마셔도 괜찮다. 그러나 취하면 아무한테나 욕설을 퍼붓는다. 아니면 방바닥을 치며 큰 소리로 운다. 자식 하나 두지 못하고 오십을 바라보는 신세를 한탄한다.

그러자 어머니가 다시 읊조리기 시작한다. 목을 길게 빼고 있다. 긴 속눈썹이 큰 눈을 덮고 있다. 윤기 없는 머리카락이 푸시시하다.

"이놈의 팔자 무슨 놈의 죄 많아서 이래 서방복도 없노. 저놈의 자식 새끼들만 없어도 헌 서방이나따나 얻어 가지러. 아이구 내 팔자야, 설움도 많고 한도 많다."

이모가 어머니의 우는 꼴을 흘기는 눈으로 본다. 입술을 비죽거리더니 또 핀잔을 준다.

"마 치아라, 이년아. 자슥들이 불쌍치도 않나. 어서 가거라. 가서 밥이나 해묵으라. 니사 그래도 부모 덕 많아 한창 클 때 배는 안 곯았지러. 애들이 무슨 죄가 있노. 기 미친갱이 남편이사 홍수에 떠내려보냈다 치고 악착같이 살 생각은 않고 무슨 탄식이 그래 많노. 이제사 허리끈 졸라매고 뭐든지 해 봐라. 발벗고 나서면 산 입에 검구(거미줄)치겠나. 니도 함안댁 뽄좀 봐라. 호열자*에 서방 잃고 판돌이 데불

---

* 호열자(虎列刺) 콜레라.

고 얼매나 야무지게 사노. 떡판 이고 장터마다 댕기느라고 소꼿가랭이 성할 날 없어도 설 지내고 논 한 마지기 안 샀나. 아이구 이년아, 니도 악심 안 묵으몬 장래 팔자 더 험할끼다."

그 소리를 듣자 어머니는 땅바닥에 코를 횡 풀며 일어난다. 그리고는 곁에 있는 자루를 든다. 그 자루에 든 것이 쌀이든 보리쌀이든, 나는 그걸 볼수록 기분이 좋아진다.

그런데 어머니는 갑자기 표범으로 변한다. 나의 머리에다 불꽃 튀는 알밤을 준다. 눈앞에 별이 번쩍 빛난다.

"에이, 빌어묵을 밥통아. 그래 머슴아라는 기 밤이몬 집 지킬 줄은 모르고 기집아 둘만 놔두고 머하러 왔노. 오메가 서방 정해 갈까 봐 찾아댕기나, 도둑질할까 봐 찾아댕기나."

연신 떨어지는 알밤에 나는 숨도 쉬지 못하고 죽은 듯이 참을 수밖에 없다. 서러움보다도 아픔 때문에 눈물이 고인다. 어머니는 곧잘 모든 화풀이를 나에게 해버리는 버릇에 익숙해져 있다. 그런데 용케 이모가 어머니와 나 사이를 막아선다.

"갑해를 너무 후지박지 마라. 니나 얼른 가서 기다리는 딸년들 밥이나 해믹이라. 갑해는 여기서 술국에 밥이나 한술 말아 묵이고 보내꾸마."

그러자 어머니는 거센 숨을 몰아쉬며 달아나듯 이모네 집을 나선다.

"나중에 집에 오기만 해 봐라. 뼛가죽을 안 남길끼다."

어머니는 나를 돌아보며 말한다. 나는 눈에 배인 눈물을 닦으며 마루에 걸터앉는다. 이모는 연방 혀를 찬다. 잠시를 서성거린다. 그러다 지서가 있는 쪽으로 눈길을 한번 준다.

"갑해야, 배고프제. 잠시만 기다리래이. 내가 얼른 국밥 하나 만들어 오꾸마."

하고 이모는 말한다.

이모는 마당을 가로질러 술방 안으로 사라진다.

잠시 후 이모가 김이 무럭무럭 나는 국밥 한 그릇을 가져온다. 나는 고맙다는 말도 없이 그 한 그릇을 금세 먹어치운다. 국물까지 남김없이 마셔 버린다. 김치가 있었으나 젓가락질 한 번 해 보지 않았다. 내가 생각해도 너무 빨리 먹었다. 이모 보기가 쑥스럽다.

"더 주까?"

이모가 콧물을 찍으며 측은한 목소리로 묻는다. 내 먹는 꼴이 불쌍했던 모양이다. 나는 더 먹고 싶었으나 머리를 흔든다. 나는 이마의 땀을 훔치며 씩 웃어보인다.

"괜찮심더. 인자 배가 부릅니더."

이제 살 것 같다. 기운도 난다. 아, 오늘은 살았구나 하고 나는 속으로 안도의 한숨을 쉰다. 그러자 어머니의 얼굴이 떠오른다. 지금 집에 들어가면 모르긴 하지만 부지깽이로 몇 차례 맞게 되리라. 누나와 분선이는 지금 얼마나 배고파할까. 그래도 어머니가 쌀자루를 들고 들어오는 걸 봤음 배고픔도 잊겠지.

이모가 말한다.

"갑해야, 니 지서 한분 가 봐라. 안에 쑥 들어가지는 말고 이모부가 있능가 한분 보고 온나. 그래가꼬 니 애비가 우예 됐는고 소식가꼬 온나."

나는 이모의 말뜻을 금방 알아차린다. 그 곳에는 지금 아버지가 잡혀 있다. 그리고 지서주임과 가까운 사이인 이모부가 가 있다. 지서주임과 이모부는 성도 같고 항렬까지 같은 먼 친척붙이다. 이모부는 다리를 절고 있다.

해방 전에는 일본서 살았는데 관동 대지진 때 일본 사람 몽둥이에 맞고 다리뼈가 부러져 절름발이가 되었다고 한다. 그리고 해방 후 고향으로 돌아오자, 이모는 술장사를 하고 이모부는 매양 놀고 있다. 사람들은 이모가 이모부의 후처라고들 말한다.

이모부는 참으로 점잖다. 이모는 술장사를 하지만 동네사람들은 이모부를 학자님으로 떠받든다. 이모부는 학교 한문 선생보다 한자를 더 많이 안다. 하루에 몇 차례씩 큰 소리로 어려운 한문책을 읽는다. 붓글씨도 잘 쓴다.

난초와 대나무도 잘 그린다. 활터에 활도 쏘러 다닌다. 그런데 이모부는 술장사를 하는 이모와 함께 산다. 말이 없고 조용하기만 한 이모부가, 남자처럼 목소리도 굵고 성질도 괄괄한 이모와 어떻게 살게 되었는지 모른다.

어머니와 아버지만 해도 그렇다. 아버지는 일본까지 가서 공부를 했다. 그런데 어머니는 한글도 제대로 읽을 줄 모른다. 아버지가 어떻게 해서 어머니와 같은 사람에게 장가를 가게 되었는지 나는 참 알 수가 없다.

지난 겨울이다. 나는 아버지에게 마구 고함을 지르는 것을 들은 적이 있다. 깊은 밤중인데 오줌이 마려워 눈을 뜨니 놀랍게도 아버지가 앉아 있었다.

수염도 깎지 못했고 머리는 새집처럼 헝클어진 아버지가 홍길동처럼 나타나서 담배를 피우고 있었던 것이다.

아버지는 남루한 회색 바지저고리에 검은 개털모자를 쓰고 검은 목도리를 하고 있었다. 어머니는 울면서 애들을 데리고 서울이든 어디든 떠나 살자고 아버지에게 말했다. 큰 소리도 아니고 작은 소리로 이젠 더 이상 지서로 불려가 매질을 당할 수도 없고, 남의 손가락질 받고 살 수도 없다고 투정했다.

그러나 아버지는 연신 문 쪽을 살피면서 아무 말이 없었다. 나는 오줌 눌 생각도 잊은 채 이불깃 사이로 아버지를 훔쳐보며 귀를 기울였다. 무서웠다.

곧 순사가 들이닥칠 것만 같았다.

"자수를 하든, 아니면 도망을 가든 하날 택하란 말예요. 그래, 당신이 사람 탈을 쓴 인간이요, 뭐요. 처자식 이 고생시키고 그 짓 해서 잘 될 줄 알아요."

어머니의 목소리는 자꾸 높아 가고 있었다.

그러나 아버지는 아무 말이 없었다. 그러자 어머니가 마구 욕설을 퍼붓기 시작했다. 이윽고 아버지는 자리에서 일어났다. 날 죽이고 가, 죽이고 가란 말이야! 이 미친 남자야, 이 자슥놈들하고 날 죽이고 가란 말이야! 내 죽어서라도 혼백이 너 따라다니며 망하게 하고 말 테다. 어머니는 아버지의 바짓가랑이를 잡고 늘어졌다. 그놈의 짓이 처자식보다 그렇게 중하다면 일찍이 부랄 떼어놓고 그 짓 시작하지 뭣 때문에 이꼴 만들고 미쳐! 그러자 아버지는 우리 오누이 쪽으로 잠시 눈길을 주다간 어머니의 손을 뿌리쳤다.

그리고는 뒷문으로 날쌔게 도망을 쳤다. 어머니가 뒤쫓아 나갔으나, 이미 아버지가 담을 넘는 소리가 쿵 하고 들렸다. 나도 오줌을 누기 위해 일어났다.

마당에 내려가서 땅이 언 꽃밭에다 소변을 보자 그제서야 아니나 다를까, 호각소리가 들렸다. 잡아라! 저쪽이다! 활터 쪽이다! 순사들의 고함소리가 들렸다.

언 하늘을 속속들이 후벼파며 연달아 총소리가 들렸다. 죽여라! 죽여! 쏴버려! 순사들의 고함이 점점 멀어졌다. 나는 후들후들 떨며 소변을 마쳤다.

어느 사이에 나는 울고 있었다. 잉크빛 하늘에 외롭게 걸린 달을 보며 나는 소리내어 울었다. 찬 뺨에 뜨거운 눈물이 줄기줄기 흘러내렸다. 왜 아버지는 죽어야 하는지, 그는 왜 스스로 목숨을 걸고 도망만 다녀야 하는지, 나는 그것을 알 수가 없었다.

오직 그럼으로 해서 쑥대밭처럼 되어 버린 집안꼴이 서러웠다. 아버지에 대한 증오와 연민이 함께 뒤섞여 나의 눈물을 강요했다. 바람을 타고 먼 산에서 여우의 울음소리가 들렸다. 마을 개들이 짖기 시작했다. 얼룩진 눈에 차가운 별빛이 아롱거렸다.

그 날 밤, 아버지는 잡히지 않았다. 아버지를 놓친 순사들이 다시 집으로 밀어닥쳤다. 순사들은 장롱이며 벽장이며 닥치는 대로 뒤졌다. 누나와 분선이와 내가 한묶음이 되어 울고 있는 가운데, 어머니는 다시 지서로 끌려갔다.

나는 제법 활기있게 지서를 향해 걷는다. 배를 채우고 나니 이젠 춥지도 않다. 사실이지 비로소 아버지가 보고 싶은 생각이 간절하다. 불쌍한 아버지! 소방서 앞을 지난다.

대장간을 지나고, 어물점을 지난다. 이제 소 장터만 지나면 지서다. 지서가 가까워질수록 가슴이 뛰기 시작한다. 아버지는 순사들로부터 매를 맞고 있으리라. 그 옆에서 이모부가 아버지를 한 번만 용서해 달라고 빌고 있을는지 모른다. 감옥소는 보내도 좋은데 죽이지만 말아 달라고 빌고 있을는지 모른다.

지서의 남폿불이 보인다. 지서 앞에 초소 순사가 서 있다.

"아저씨, 우리 아버지 말입니더, 우리 아버지가 어떻게 됐어예?"

나는 조심스럽게 순사한테 물어 본다. 순사는 내가 누구의 아들인지 금방 알아본다. 왜냐 하면 작년 봄에 이 순사가 나를 꾄 적이 있었기 때문이다. 학교에서 돌아오는 길에 순사가 나에게 사탕 한 봉지를 주며, 아버지가 언제쯤 집에 오느냐고 물은 적이 있었다. 그러나 나는 모른다고 대답했다.

사실 나는 아버지가 언제 집에 오는지 모르고 있었기 때문이다. 순사는 앞으로 친하게 지내자면서 한사코 뿌리치는 나의 손에 사탕봉지를 쥐어 주었다. 그러나 나는 그 봉지를 순사와 헤어진 뒤 개울에다 버리고 말았다.

"갑해녀석이구나. 아버질 찾으러 왔다 이 말이제? 그러나 니 아버진 벌써 죽었단 말이다."

"죽었어예? 울 아버지가 벌써 총살을 당했다 이 말이지예?"

나의 힘 없는 되물음에 순사는 킬킬거리며 웃는다. 그러더니 갑자기 어깨에 메었던 총을 벗어 나를 향해 겨눈다.

"니도 죽고 싶냐? 죽기 싫으면 빨리 집으로 가. 가서 이불 둘러쓰고 잠이나 자란 말이다."

장난인 줄 알면서도 나는 깜짝 놀란다. 두 손을 가슴 앞에 모으고 몇 발 물러선다. 킬킬 웃고 있는데도 순사는 정말 나를 쏠 것만 같았다. 죽는다는 것이 별로 무섭지는 않은데, 숨이 콱 막힐 지경이다.

"아닙니더. 이모부, 이모부를 찾으러 왔심더."

하고 나는 다급하게 말한다. 그 때 이모부가 어깨를 늘어뜨린 채 절룩거리며 지서 정문으로 나온다. 나는 달려가 이모부의 두루마기 자락에 매달린다. 그리고 소리친다.

"이모부요, 정말로 우리 아버지가 벌써 총살되어 뿌릿능교?"

나의 울음섞인 고함에 이모부는 아무 대답이 없다. 내 손만 꼭 쥔다. 이모부는 침착한 목소리로 말한다.

"갑해야, 니 아부지는 이제 이 세상 사람이 아니다. 먼 데로, 아주 먼 데로 가뿌릿다."

"정말로 마 죽었능교? 순사가 총으로 콱 쏘아 죽여 뿌릿능교……."

나는 흐느낀다. 눈물과 콧물이 섞여 마구 쏟아진다. 이모부의 손이 나의 들먹이는 등을 잔잔하게 두들겨 준다. 내 손을 더욱 힘 있게 쥔다.

"갑해야."

이모부가 나를 조용히 부른다. 나의 눈물젖은 눈에 이모부의 침통한 표정이 흔들린다. 이모부는 뿌드득 이빨을 간다. 그러더니 무엇인가 결심한 듯 빠르게 말한다.

"가자, 니 아버지 보여 주꾸마."

이모부는 내 손을 끌고 지서 뒷마당으로 간다. 다리를 절며 이모부는 성큼성큼 걸어들어간다. 잎순이 터지려는 느릅나무의 잔가지가 바람에 잔잔히 떨리고 있는 뒷마당은 조용하기 짝이 없다. 오직 달빛만 비치고 있다.

갑자기 무서운 생각이 든다. 그러나 이모부는 말이 없다. 어둠 속에서 나는 무엇인가 찾으려고 두리번거린다. 가슴 속에 마구 방망이질을 한다. 찝질한 눈을 닦고 아버지의 모습을, 죽은 아버지의 몸뚱이를 찾기 위해 이곳 저곳을 더듬어 본다.

느릅나무 밑, 거기에 가마니에 덮인 것이 눈에 들어온다. 이모부가 걸음을 멈춘다. 가마니 밑으로 발목과 함께 닳아빠진 농구화가 삐어져 나와 있다.

그러나 정갱이 부근부터 머리까지 가마니에 덮여 있다. 나는 숨을 멈추고 이모부의 허리를 꼭 잡는다. 온몸이 와들와들 떨린다.

"이거다. 이게 니 아버지의 시체다. 똑똑히 보았제. 앞으로는 절대 아버지를 찾아서는 안 된다. 알겠제."

이모부는 말한다. 그리고는 내 손을 놓고 가마니를 훌쩍 뒤집는다.

아, 나는 볼 수 있었다. 달빛 아래 희미하게 드러나는 아버지의 처참한 얼굴을, 반쯤은 피에 가려 있고 나머지 부분은 하얗게 바래 버린 찌그러진 얼굴, 죽은 아버지의 눈은 부릅뜨고 있었다. 턱은 퉁퉁 부어 있고, 입은 커다랗게 벌어져 있었다.

아버지가 저렇게 되다니. 나는 믿을 수가 없다. 아버지가 아닌, 다른 사람인 것만 같았다.

낡고 검은 국방복의 저고리 단추가 풀어진 사이로 보이는 아버지의 가슴, 나는 어릴 때 그 가슴에 안겨 얼마나 재롱을 떨었던가! 그런데 이제 아버지의 가슴은 그 무서운 보라빛으로 변하고 말았다. 축 늘어진 어깨와 아무렇게나 내던져진 두 팔, 아버지는 분명 자고 있는 것이 아니었다.

나는 그 자리에 서 있을 수 없다.

"죽다니, 저렇게 죽고 말다니!"

나는 흐느낀다. 이모부가 내 팔을 잡는다. 나는 사납게 뿌리친다. 그리고 내닫기 시작한다. 나의 눈에는 이모부도, 보초를 선 순경도 보이지 않는다. 아버진 거짓부렁이야. 거짓말만 하다 죽고 말았어. 아니야, 아니야. 죽지 않았어. 거짓말처럼 죽은 체하고 있을 따름이야. 나는 헐떡거리며 집과 반대인 낙동강 쪽으로 달린다. 숨이 턱에 닿는다. 달빛에 뿌옇게 드러난 강둑이 보인다. 강둑에 올라서자 나는 숨을 가라앉힌다. 강물이 흐르고 있다.

언제 보아도 강물은 쉬지 않고 흘러가고 있다. 달빛을 받은 강물이 잉어 비늘처럼 번뜩인다. 강 건너 장승처럼 서 있는 키 큰 포플러가 아버지 같다.

나를 오라고 손짓하는 것 같다. 어릴 적 아버지와 나는 강둑을 거닐며 많은 이야기를 했다. 쉬지 않고 흐르는 이 강처럼 너도 쉬지 않고 자라야 한다. 아버지는 이런 말도 했다. 그러자 아버지가 죽었다는 실감이 비로소 나의 가슴에 소름을 일으키며 아프게 파고 든다. 나는 갑자기 오들오들 떨기 시작한다.

서른일곱으로 연기처럼 사라져 버린 아버지. 이제 내가 죽기 전 영원히 만날 수 없게 된 아버지.

어린 나에게 너무나 큰 수수께끼를 남기고 죽어 버린 아버지의 일생을 더듬을 때 나는 알 수 없는 두려움 때문에 사시나무처럼 떤다. 그와 더불어 나는 무엇인가 깨달은 느낌을 가지게 되었다.

그 느낌을 꼬집어내어 설명할 수는 없었으나, 이를테면 살아나가는

데 용기를 가져야 하고 어려움도 슬픔도 이겨내야 한다는 그런 내용의 것이었다.

모든 것이 안개 속 같은 신기한 세상, 내가 알아야 할 수수께끼가 너무나 많은 이 세상을 건너갈 때, 나는 이제 집안을 떠맡은 기둥으로서 힘차게 버티어 나아가지 않으면 안 된다.

이런 굳은 결심이 나의 가슴을 뜨겁게 적시며 뒤채이는 눈물을 달래고 있음을 느꼈던 것이다.

아버지가 죽은 그 해, 초여름에 육이오 사변이 터졌다. 그리고 이모부는 그 전쟁이 소강상태로 들어갔을 때 이미 땅 위에 계시지 않았다. 그래서 나는 성년이 된 후까지 이모부가 왜 아버지의 시체를 어린 나에게 구태여 확인시켜 주었느냐에 대해서는 여쭈어 볼 수도 없게 되고 말았다.

농무* 일기

8월 23일

이종세 군

낮 더위는 정말 굉장했습니다. 이렇게 찌는 듯 더웠던 날은 언제나 노을이 아름답기 마련입니다. 노을이 서편 산 위에서 진홍으로 피어올라 하늘을 반쯤 덮었을 때입니다.

두포 쪽 개펄로 도망친 살인범 열추 아버지를 잡으러 어젯밤에 집을 나섰던 아버지가 드디어 돌아왔습니다. 그 때 나는 우리 마을의 공동 건초장 마당에서 아이들과 놀고 있었습니다. 장대끝에 철사를 휘어 원을 만들고 거기에 거미줄을 엮은 잠자리채로 고추잠자리떼를 쫓고 있었던 것입니다.

수십 마리의 고추잠자리가 노을을 배경으로 낮게 떠서 모기 따위의 먹이를 쫓느라고 분주히 싸돌고 있었습니다. 그런데 꼴을 베러 나갔던

＊농무(濃霧) 짙은 안개.

개펄

멍쇠 아저씨가 건초장 마당으로 달려왔습니다.

멍쇠 아저씨가 면청으로 빠지는 저 신작로길에서 아버지 일행과 맞부딪친 모양입니다.

"온다. 이 순경이 말이다. 대두자슥을 쥑이가꼬 지게에 지고 온다."

멍쇠 아저씨의 숨가쁜 고함소리에 건초장 마당 주위에서 얼쩡거리던 마을사람들이 깜짝 놀랐습니다.

사람들은 저 벌판 쪽 신작로에 눈을 주었습니다. 나도 그쪽을 보았습니다. 키다리 버드나무가 더운 저녁바람결에 머리를 흔들고 있는 신작로 사잇길로 열 명 정도의 장정이 마을 쪽으로 걸어오고 있었습니다. 푸른 전투복을 입은 사람이 절반, 예비군복을 입은 사람이 반 정도 되었습니다.

맨 앞 사람은 어깨를 흔드는 걸음걸이로 보아 아버지임에 틀림없었습니다. 그 뒤로 아버지와 마찬가지로 전투복을 입은 순경 몇과 예비군복의 방위군 형들이 뒤따르고 있었습니다.

그 중 방위군 한 사람은 아닌게아니라 지게를 지고 있었습니다. 지게 위에는 무엇인가를 둘둘 말아 싼 가마니가 얹혀 있었습니다. 나는 그것이 무엇인지를 단박에 알아차렸습니다. 어깨가 옴싹 떨렸습니다. 그러자 멍쇠 아저씨의 고함을 들은 마을사람들이 집 울 밖으로 우 몰려나왔습니다.

결국에는 이 순경이 눈물을 머금고 총을 쏴버렸대. 하도 반항이 심해서 생포를 못 하자, 그 자슥이 자수도 안 해오고 해서 부득불 쥑여 버렸다잖아. 참말로 시상에 없는 모진 놈이제.

멍쇠 아저씨가 입술에 침을 튀겨가며 떠들었습니다. 사람들은 멍쇠 아저씨의 말에 머리를 끄덕였습니다. 그러고는 큰 구경거리를 만났다고 건초장 마당에 출레출레 모여들었습니다. 사람들은 곧 탄성을 질러대기 시작했습니다. 발을 구르고 손뼉까지 치는 사람도 있었습니다. 이제야 한시름 놓게 되었다는 듯 휴하고 한숨을 내쉬기도 했습니다. 그 중에는 이장 어른도 섞여 있었습니다. 사람들은 모두 제가끔 한마디씩 떠들기 시작했습니다.

"그놈의 폐병쟁이는 사건을 치기 전에도 어데 예사 미치갱이였나. 지 애비도 결국 미쳐 죽었잖는가베. 피는 못 속이는기라."

"조상 해골을 팔아 쥔 돈을 지가 노름판에 끼여 날리고는 눈깔이 뒤집혀서 끝내 지 목에 지가 칼 찔렀지러."

"오유리 생기고 살인사건은 첨 아닌가. 이제 여게도 도시바람이 불어서 말세야. 열댓 살만 묵어도 지집아들은 마산이고 어데고 도회지로 빠질 생각만 하니깐."

이장이 눌러썼던 보릿짚 모자를 벗어들어 멀리 오는 일행을 향해 뺑뺑이로 흔들었습니다. 이장은 열추 아버지가 죽었다는 것이 마치 앓는 이를 뽑은 듯 만족하게 웃고 있었습니다.

"장타. 이 순경은 진짜배기 명포수다. 지 명대로 살기 힘든 목숨, 잘도 끊어 줬지. 오유리 개발을 사사건건 반대하는 저놈 때문에 우리 마을 발전이 다른 동네보다 얼매나 늦었다고."

이장이 말했습니다. 그 말에 내 어깨는 저절로 으쓱 올라갔습니다. 괜히 좀 부끄럽기도 했습니다. 그러나 어쨌든 아버지는 이제 단연 우리 마을의 장땡이 된 것입니다.

도지사로부터 새마을 지도자상을 받은 온상 점백이 서방보다 더 우러름을 받을 게 분명합니다. 오유리 개발촉진회 위원장과, 마을에 들자마자 단박 일류 노름꾼으로 소문난 개발촉진회 사무장을 도끼로 찍어 죽인 열추 아버지를 아버지가 드디어 멧돼지 사냥하듯 잡아죽인 것입니다.

한낮에 피묻은 도끼를 휘두르며 집집마다 새로 선 텔레비 안테나를 꺾어 버리겠다고 날뛰던 그 살인마가 아버지 총에는 꼼짝없이 당하고

만 것입니다. 나는 잠자리채를 내던지고 신작로를 내달았습니다.

"아부지요, 아부지!"

턱에 숨이 차도록 달렸습니다. 기분이 날듯 좋아져 발이 공중에 둥둥 떴습니다. 내 또래 조무래기들도 나를 뒤따라 개선장군 일행을 맞기 위해 달려갔습니다.

아버지는 넓은 어깨에 카빈총*을 멋지게 메고 있었습니다. 그러나 전투복은 흙투성이였습니다. 걷어붙인 팔뚝과 얼굴이 쐐기풀에 긁히어 상처투성이였습니다. 그러나 놀빛을 받아 혈색 좋은 아버지의 얼굴엔 피곤한 기색이라고는 없었습니다.

아버지는 면청이 있는 상리 지서에서 오유리에 파견 나와 있는 단 한 명의 순경이기 때문에 이번 일은 두고두고 마을사람들의 입에 오르내리게 될 것입니다.

"자슥, 지가 머 그래 좋아할 기 있다고."

아버지는 나를 보자 씩 웃었습니다. 그러더니 뻘이 말라붙은 손으로 내머리를 쓰다듬어 주었습니다.

아버지 몸에서는 짐승 냄새 같기도 하고 화약 냄새 같기도 한 그런 씩씩하고 사나운 냄새가 물씬 풍겼습니다. 상리 지서 순경들도 나를 보자 아는 체 웃었습니다.

"이 순경 아들놈은 언제 봐도 야무지게 생겼어."

한 순경이 말하자,

"저놈이 내년에는 중학교에 안 갑니껴. 달리기는 학교 전체에서 맡겨 놓고 일등 아닌가베요."

하고 아버지는 우쭐해하며 대답했습니다.

나는 얼른 방위군이 메고 있는 지게에 눈을 주었습니다. 그 방위군은

---

* 카빈총(carbine銃) 미국 육군이 사용하던 소총의 일종.

꿀보 형이었습니다. 꿀보 형은 지게에 멘 시체가 꽤나 무거운지 땀을 뻘뻘 흘리고 있었습니다.

자세히 보자, 둘둘 말린 가마니 사이로 시체의 한쪽 발이 비어져나와 있었습니다. 뻘이 묻은 푸르죽죽한 발과 그 발을 지렁이처럼 감아내린 마른 핏자국이 징그러웠습니다. 질끈 눈을 감자, 소름이 한 차례 가슴을 훑고 내려갔습니다. 나는 얼굴을 들어 하늘을 보았습니다. 어느 사이 노을도 마른 핏빛의 자주색으로 얼룩지고 있었습니다. 열추 아버지가 괴상한 사람인 줄은 알았지만 그렇게 무서운 사람이었다는 것이 시체를 보아도 좀처럼 진짜로 여겨지지 않았습니다.

그래서 나는 열추 아버지 생각은 다시는 하지 않기로 다짐했습니다. 그러나 이제 열추 아버지가 죽었으니 오유리는 다시 예전처럼 조용해질 것입니다. 올 봄부터 거의 집집마다 들여놓기 시작한 텔레비의 연속 방송극이나 보며 깨가 쏟아질 것입니다.

김열추 군

꼭 거짓말 같게 아버지가 죽었다. 끝내 그렇게 되고 말았다. 아버지를 두고 사람들은 백 번 죽어도 마땅한 짓을 했다고들 말했다. 사실 어린 내가 생각해도 아버지는 죽어 마땅한 짓을 했다. 사람을 두 명이나 죽였기 때문이다. 그러나 재판이란 것도 있는데 그렇게 쉽게 아버지를 죽이다니.

포승줄에 꽁꽁 묶여 마을로 돌아오거나 먼 지서로 끌려가더라도 한 번쯤 다시 아버지 얼굴을 볼 줄 알았는데, 그만 그렇게 시체가 되어 가마니에 싸여 돌아왔다.

불쌍한 아버지다. 술만 마시면 잘 울고 행패도 심하지만 아버지는 원래 악한 사람이 아니었다. 밭뙈기 댓 마지기밖에 없는 가난뱅이에 병을 앓는데다 엄마까지 도망치자 성질이 그렇게 변해 버린 것이다. 여기에는 동네 사람들도 책임이 있다. 아버지가 그렇게 변할 때 동네사람은 어느 누구도 우리 집안이나 아버지를 걱정해 주려 하지 않았다. 아버지를 빈정거리고 욕질하고 업신여겼다.

엄마에게도 우리 형제에게도 동네사람은 그렇게 대했다. 그래서 아버지는 점점 더 나쁜 사람이 되었는지도 모른다. 그러나 아버지는 누구에게도 거짓말을 한 적은 없었다. 남의 것을 훔치지도 않았다. 오직 쌀이며 약값이며 술을 구걸한 적은 많았다.

그럴 때 동네사람들은, 대두 저자슥은 왜 안 죽고 사는지 모르겠다며 돌아선 뒤 모두 침을 뱉었다. 그러나 아버지는 끝내 어처구니없는 일을 저지르고, 참말 개같이 죽었다. 아무래도 그 죽음이 내게는 거짓말만 같다. 지금도 당장 내 앞에 비틀거리며 나타나 헝클어진 머리칼 아래 퀭한 눈으로 술주정을 할 것만 같다.

'이 절름발이 자슥아, 니 에미 찾아 부산에 가자, 니 에미 찾아내모 같이 농약 묵고 죽자.'

아버지는 기침을 쿨럭이며 또 눈물깨나 쏟을 것만 같다. 그러나 아버지는 이제 죽었다. 저녁때지. 그 때 동네사람들은 공동 건초장 마당에 모여서 시시덕거리며 아버지의 시체를 맞이했다. 대두새끼 잘 뒈졌다 하며 기뻐했다. 나는 차마 아버지의 시체를 볼 용기가 나지 않았다.

그런데 사람들은 그 시체의 살아 있는 자식들이 자기네들 사이에 끼어 있음을 잊고 있었다. 나는 우는 누이를 데리고 사람들 틈을 빠져나와 절룩거리며 집으로 돌아오고 말았다. 집이래야 헛간 같은 움막이다. 이십여 호의 오유리에서 한간방 우리집은 유일하게 아직도 기와나 슬레이트 지붕을 덮지 못했다. 보리밥은커녕 죽조차 아침부터 먹지 못한 열자는 배가 고프다고 계속 울었다.

나 역시 그전까지는 배가 고팠으나 아버지가 죽었다는 소식을 듣고나자 왠지 배가 고픈 줄도 몰랐다. 머리가 어지러운 게 눈앞에는 그저 뭇별과 허깨비만 오락가락했다. 삽짝을 들어서니 검둥이가 축당 앞에 늘어져 있었다. 무슨 병에 걸렸는지 군데군데 털이 숭숭 빠진 흉물스런 우리집 개다.

우리 형제처럼 말라비틀어진 검둥이는 꼬리를 흔들 힘도 없는지 눈곱 낀 눈으로 나를 멀거니 보더니 앞다리의 부스럼을 다시 핥기 시작했다. 엉겨붙는 쇠파리를 쫓으며 붉은 혀로 고름투성이의 부스럼을 핥아내었다. 나는 검둥이 옆에 엉덩이를 걸치고 사추리* 사이에다 어지럼증 나는 머리를 박았다.

그제서야 핑글 눈물이 돌았다. 나는 그만 큰 소리로 울기 시작했다. 죽은 아버지가 살았을 적에 동네 사람들로부터 천대받았던 기억도 슬프긴 하지만 우리 오누이를 걸레짝처럼 팽개치고 죽은 아버지를 생각하니 괘씸하기도 했다. 그러나 무엇보다 절름발이 나 자신이 더욱 불쌍하게 여겨졌다. 그래서 큰 소리로 울었다.

이제 아버지마저 없어졌으니 열자와 더불어 살아갈 일이 아득하게만 여겨졌다.

그러자 칭얼대던 열자도 덩달아 엉엉 울었다. 엄마가 생각났다. 폐병쟁이 아버지 등쌀에 굶주리다 못해 부산으로 식모살이를 간다면서 도망친 소식 없는 엄마. 그것이 작년 봄이다. 대궐집의 식모살이라도 한다면 엄마는 이제 굶지야 않겠지만 이럴 때 엄마라도 없냐 싶은 게 더욱 서러웠다.

마산에 있다가 친구를 따라 서울 영등포 어느 스웨터 공장에 올라가 일한다던 누나도 떠올랐다. 누나는 음력 설에 다녀가며, 올 추석에 내 옷과 열자 옷과 먹을 것을 한보따리 사가지고 온다 했는데. 그러나 추석은 아직 멀었다.

| * 사추리 '샅'의 경기도 사투리. 샅은 두 다리가 갈라지는 곳을 이름.

열자와 내가 추석까지라도 살 수 있을는지도 알 수 없다. 오늘 아침 신문에 아버지가 저지른 살인 사건이 큼지막하게 실렸다는데, 엄마나 누나가 그것을 보기나 했을까. 이런저런 생각을 뒤죽박죽 엮으며 흐느끼고 있을 때 곰보 할머니가 삽짝 안으로 들어왔다. 곰보 할머니는 삶은 옥수수 두 자루를 들고 있었다.

"불쌍한 요것들아, 이거 좀 묵어 봐라. 부모 잘못 만내서 너들이 이 무신 고생인고."

옆집에 사는 곰보 할머니만은 우리 동네에서 유일하게 우리 오누이를 따뜻하게 대한다. 그러자 열자가 울음을 뚝 그치고 옥수수 한 자루를 넙죽 받았다. 곰보 할머니가 벌써 누구한테 들었는지 아버지가 남긴 말까지 전해 주었다.

"너그 애비가 죽으민서도, 내 자슥들은 부디 돈 많이 벌어서 이 궁한 애비 원한을 풀어 도고, 하고 말했다 안카나. 그러나저러나 이제사 너그들은 이 천지강산에 누굴 믿고 살꼬. 부모 없으모 그늘 없는 정자 아닌가."

나는 손등으로 눈물을 훔치고 옥수수 한 자루를 곰보 할머니로부터 건네받았다. 눈물로 어룽지는 눈앞에 옥수수알들이 누른 이빨로 웃기 시작했다. 그러더니 아버지가 이빨을 앙다물고 죽는 장면이 떠올랐다. 폐병쟁이요, 술꾼이요, 노름꾼인 아버지가 화투장을 팥알 뿌리듯 날리며 소리쳤다.

"너그 땅장수 부로카놈들, 창원땅에 공장 들어선다 카이게 오유리도 개발이니 뭐니 카며 조상 묘도 불도자로 밀어붙이고서는, 땅값을 삼 배로 쳐준다 우짠다 카더마는 찔금찔금 푼돈 주다 말고서는, 그 돈은 테레비를 월부로 팔아 쭉데기 훑듯 훑어가고, 장리빚을 놓고, 협잡 노름꾼을 불러들여서 그나마 돈까지 뺏아 안 갔나. 왜놈들 조선 삼킬라고 합방할 때처럼 너그 놈들이 그 짓 안 했나."

옥수수 밭

나는 옥수수를 받아쥐고 아부지, 아부지 하고 뇌아리다 다시 흐느끼기 시작했다. 발밑에서 검둥이가 꺾꺾 앓았다. 아버지가 미웠다. 아니, 동네사람이 미웠고, 해가 지면 어김없이 내일 아침 해가 떠오르는 그 해도 미웠다.

왜 날은 꼭 밝아야 하는가. 이제 우리 오누이는 대낮 아래 살인범 김대두 새끼들이라고 손가락질 받을 것이다. 동네 바닥에 얼굴 들고 다닐 수도 없게 될 것이다. 개같이, 소같이 아니 돌멩이보다 더 못한 새끼가 될 것이다. 그리고 검둥이도 동네 사람들이 몸보신한다면서 잡아먹어 버릴 것이다.

8월 26일
이종세 군

오늘은 개학날이었습니다. 처음은 긴긴 한 달을 어떻게 보낼까 했는데, 막상 너무나 짧고 섭섭하게 끝나 버린 방학이었습니다.

학교로 가니 반 아이들 모두가 며칠 전에 있었던 우리 동네 살인사건 이야기로 굉장했습니다. 더욱 아버지가 순경인데다 김대두를 직접 죽인 장본인이라 반 아이들은 내 책상 주위로만 몰려왔습니다. 그래서 아버지가 김대두를 쫓은 장면을 자세히 이야기해 달라고 졸랐습니다.

김대두가 일을 저지르고는 그 길로 두포 쪽 개펄로 도망쳐서 오치골 산 속에 숨어 하룻밤을 자고 일포 쪽으로 도망가는 것을 아버지 일행이 추격한 이야기며, 순경과 방위군이 포위망을 좁히자 김대두는 들고 있던 식칼로 자기 배를 찌르려 하며, 더 이상 가까이 오면 자살하겠다고 말한 것이며, 그래서 끝내 아버지가 총을 쏘게 된 것을 나는 아이들에게 신나게 들려주었습니다.

내 이야기는 우리 집 큰 방에서 이장을 비롯한 동네 유지들과 아버지가 보고한 내용을 솜사탕처럼 부풀려 옮겼던 것입니다. 반 아이들은 모두 입을 봉긋 벌리고 아주 열심히 내 이야기를 들었습니다. 그러나 아버지가, 김대두의 발을 겨냥하고 쏘았는데 그만 가슴을 맞히고 말았다는 대목만 빠뜨렸습니다.

"니 아부지가 곧 표창장을 받게 된다민서? 그리고 마산 경찰서로 뽑히 올라간다는 소문도 있더라. 그라면 종세 니도 전학가겠구나."

한 아이가 부러운 듯 말했습니다. 나는 좀 부끄러웠지만 아주 기분이 좋았습니다. 그래서 어깨를 으쓱 올리며, 아마 중학교는 부산서 다니게 될 것이라고 자랑스럽게 말했습니다. 그러자 한 동네에 사는 재식이가 겁먹은 목소리로 말을 꺼냈습니다.

"참, 종세야, 니 조심해야 되겠더라. 죽은 대두 아들 열추 안 있나. 그 자슥이 너그 아부지가 자기 아부지를 쥑였다고 니한테 복수할 끼라 카던 소문 몬 들었나. 어젯밤에 너그 큰아부지 수박밭의 수박을 몽지리 대침으로 쿡쿡 찔러서 작살내놓은 것도 동네사람들이, 아매도 그 자슥 짓일 기라고 쑤군쑤군 카더라. 그라고 말이다. 그 자슥이 큰 쇠꼬챙이 하나를 줏어서 어제 건초장 세멘또 벽에다 끝을 뾰족하게 갈고 있는 걸 창수가 봤다 카더라. 그래서 창수가, 그거 어데 쓸라카노? 하고 물으니껜 열추가 왕개미 한 마리를 잡아 폭 찔러죽이면서 뱀눈으로 째려보더라 안카나."

재식이의 말에 나의 얼굴은 화끈 달아올랐습니다. 너무 기분이 좋아 들떠 있던 마음이 금세 얼음처럼 차갑게 식어내렸습니다. 발이 떨리고 가슴까지 저려왔습니다.

나보다 세 살이나 나이가 많고 학교도 사학년까지만 다니다 그만둔 채 집에서 빈둥빈둥 놀고 있는 절름발이 열추의 헬쑥한 얼굴만이 눈앞에 크게 떠오를 뿐이었습니다.

항상 자기 집 검둥이처럼 정수리에 부스럼을 달고 다니는 열추. 째진 뱀눈에 납작코를 하고, 벌에 쏘인 듯 부푼 입술로 말이 없는 열추. 그

열추가 지금 당장 나를 찌르러 쇠꼬챙이를 가지고 학교로 달려올 것만 같았습니다.

그래서 학교에서 청소를 하는 반나절의 시간이 어떻게 흘러갔는지도 모를 지경으로 마음이 조급했습니다. 청소를 대충 마치고 한낮이 되었을 때, 종례가 끝났습니다. 나는 사람이 많이 다니는 큰길로 부리나케 집으로 돌아왔습니다. 집으로 돌아오면서도 혹시 열추를 만나지 않을까 줄곧 걱정만 했습니다. 그런데 집 대문을 들어서자 나는 깜짝 놀랐습니다. 깜짝 놀란 정도가 아니라 기절할 정도로 그 자리에 얼어붙고 말았습니다.

마루에서 아버지가 밥을 먹고 있는데, 그 옆에는 열추와 열자가 역시 아버지와 겸상을 하고 있었기 때문입니다. 나는 대문 앞에 우뚝 멈춰서서 부들부들 떨고만 있었습니다. 숟갈질을 부지런히 하고 있던 열자가 나를 보는 눈은 그저 그렇다지만, 밥 먹을 생각도 않고 밥상머리에 버티고 앉아 있다 나를 쏘아보는 열추의 눈은 뱀보다 징그러웠습니다. 나는 대두 아저씨가 다시 살아난 것 이상의 놀라움 때문에 숨도 거의 쉴 수가 없었습니다.

"종세로구나. 학교 잘 댕겨왔나? 얼른 와서 밥 묵어라."

아버지가 상추쌈을 손 위에서 만들며 나를 보고 천연덕스럽게 말했습니다. 그러나 나는 도저히 마루 쪽으로 한 발도 갈 수가 없었습니다. 열추가 무서웠기 때문입니다.

그는 분명 지금도 호주머니에 끝이 뾰족한 쇠꼬챙이를 가지고 있을 것이기 때문입니다.

그래서 나는 부엌 쪽으로 주춤주춤 발길을 옮겼습니다. 마침 부엌에는 엄마가 김칫거리를 장만하고 있었습니다.

"엄마, 열추가, 열추가 우째서 우리집에 와 있노?"

나의 더듬는 물음에 엄마도 좀 못마땅한 눈을 마루 쪽으로 보냈습니다. 그러더니 낮은 목소리로 소곤소곤 말했습니다.

"글쎄 말이다. 아부지가 안 데불고 왔나. 굶고 있는 기 불쌍하다 카면 서. 이장이 면청에 나가서 교섭하는 중인데 아매도 저 둘이를 마산 고아원에 넘길 모양이더라. 그 매칠 동안은 같이 살아야 된단다."

"엄마, 무서버서 열추와 어떻게 같이 살아? 매칠 동안이라 카지마는 그 매칠을 우예 같이 사노 말이다."

"무섭기는, 죽은 대두 아저씨가 무섭지 저자슥이사 머가 무섭노?"

"혹시 아나. 오늘 핵교에서도…… 혹시 밤에 자다가도……."

"알았다. 난중에 내가 아부지한테 말하꾸마."

"엄마, 그 말을 아부지가 열추한테 하면 난 어떡하노?"

그 때 마루에서 아버지 목소리가 들렸습니다.

"자슥, 와 밥을 안 묵노? 어데가 아푸나? 자, 열추야, 아저씨하고 어 서 밥 묵자."

그러나 열추의 대답은 들리지 않았습니다. 그러더니 누군가 신 신는 소리가 나고 내가 부엌을 나서자, 열추가 절름거리며 대문 밖으로 쏜살 같이 나가 버렸습니다.

"그자슥도 참말 독종이구나. 머 저거 아부지를 죽인 원수집이라꼬 그 카나."

아버지가 혀를 낄낄 차는 소리가 들렸습니다. 아버지는 점심을 먹자, 순경 모자를 쓰고 마당에 세워둔 오토바이를 탔습니다. 면내 지서에 다 녀오겠다고 엄마한테 말하고는 오토바이를 몰고 휑하니 사라졌습니다.

점심을 먹는 둥 마는 둥 하고 나는 작은방에 들어가 방학 동안 묵혀 둔 책가방을 대충 정리했습니다. 내일부터는 공부가 시작되기 때문입 니다.

마루로 나오니 열자가 상기둥에 기대어 앉아 꾸벅꾸벅 졸고 있었습 니다. 식곤증인지 입가로 침을 흘리며 가쁜 숨을 내쉬고 있었습니다.

감나무에서 매미가 찌릉찌릉 울었습니다.

낮닭 우는 소리도 들렸습니다. 나는 공동 건초장 마당으로 어슬렁어슬렁 걸어나갔습니다. 마을아이들을 만나 내 사정을 하소연해 보기 위해서였습니다.

건초장의 마른풀 냄새가 기분좋게 코끝에 묻어왔습니다. 나는 햇빛이 하얗게 부어내리고 있는 건초장에서 한참 동안 두리번거리며 친구들을 찾았습니다.

그러나 앞내로 멱을 감으러 나갔는지 아무도 눈에 띄지 않았습니다. 그 때 건초장 담벼락 그늘 아래 웅크리고 앉아 있는 열추가 눈에 띄었습니다. 그는 매미 한 마리를 손에 쥐고 있었습니다. 매미가 연신 찌릉찌릉 울었습니다.

열추 옆에는 검둥이가 웅크리고 앉아 있었습니다. 나는 뙤약볕 아래 꼼짝없이 서서 열추를 지켜보고 있었습니다. 그러자 열추가 나를 보더니 말했습니다.

"종세, 여게 좀 와 보지."

나는 한사코 그로부터 도망치려 했으나 발이 떼어지지 않았습니다. 오히려 무엇에 끌린 듯 발걸음이 열추 쪽으로 주춤주춤 옮겨지고 있었습니다. 마치 그의 말이 자석이나 되듯 나를 끌어당겼습니다. 열추의 말을 꺾을 힘이 내게는 전혀 없었습니다. 나는 도무지 힘을 쓸 수가 없었습니다.

할딱할딱 가쁘게 숨을 내쉬며 등뼈없는 아이처럼 그의 곁으로 걸어갔습니다. 검둥아, 저자슥을 꽉 물어 버리라. 열추가 이런 말이라도 할까 봐 나는 검둥이의 거동을 살피고 있었습니다. 검둥이도 눈곱낀 눈으로 나를 보다가 앞다리의 부스럼을 핥기 시작했습니다.

"종세, 요 매미를 봐."

열추가 들고 있던 매미를 내게 보이며 말했습니다.

매미

그런데 매미는 한 개의 발만 남았지 다섯 개의 다른 발은 모두 끊어지고 없었습니다. 몸뚱이만 남은 매미가 그렇게 흉물스러울 수가 없었습니다. 그러자 열추는 내가 보는 앞에서 매미의 그 나머지 한 개의 발마저 뚝 꺾어 버렸습니다.

매미가 애처롭게 쨍 울었습니다. 열추는 매미를 땅바닥에 놓자 아주 느린 동작으로 바지 주머니에서 쇠꼬쟁이를 꺼냈습니다. 그러더니 매미의 가슴을 끝이 뾰족한 쇠꼬쟁이로 콕콕 찍었습니다. 매미가 속날개를 파닥이며 버둥거리다가 끝내 흙고물을 바른 채 꼼짝도 하지 않았습니다. 열추가 말했습니다.

"니가 이 죽은 매미를 살리 바라. 다리를 붙이고 해서 날라가도록 해 바라. 그러나 안 될끼다. 사람도 매미도 한분 죽고 나면 다시는 못 살리는기라."

김열추 군

열자는 내 곁에서 잠이 들었다. 숨결도 고르게 새근새근 잘도 잔다. 그러나 모깃불의 푸른 연기가 코끝을 따갑게 쏘는 가운데 나는 잠을 이룰 수가 없었다.

앞내에서 개구리가 울었다. 그러자 마루에서 이 순경과 아주머니가 도란도란 주고받는 말소리가 들렸다. 아주 낮게 소곤소곤 하는 말소린데 내게도 똑똑히 들렸다.

"그래, 저 불쌍한 아이들을 매칠 좀 먹여 주는 게 머 그래 부정탈 일이고, 내가 직업상 대두를 총 쐈지만 내 마음도 괴로분기라. 저 굶주리는 아이들을 보니깐 난도 사람인데 내가 죄지은 기분 아닌가."

"그러긴 해도 종세가 열추만 보면 기겁을 하고 벌벌 떠니 어데 하루를 보아넘길 수가 있어야지요. 밤에 가위눌리는 꿈을 꾸는지 헛소리까지 막 치지 안능교. 난도 밥해 믹이는 거사 머라 그래요. 그러니깐

저 아이들을 매칠 이장댁에 놔두모 내가 거기로 밥을 날라 주모 될 거 아닌교."

"허허. 당신도 우예 그래 내 맘을 몰라 주노. 매칠만 좀 참아라 안카나. 그동안 저 아이들한테 삼시 세 끼 쌀밥 해 믹이고, 구박은 절대로 주지 말고, 어린아이들이지만 사람은 원수지고 몬 사는기라. 알겠제?"

나는 마당의 가마니에서 몸을 일으켰다. 그러자 이 순경 내외가 나를 본 모양이었다. 말을 뚝 끊었다. 나는 그쪽에 눈도 주지 않은 채 자리에서 일어났다. 가마니 옆에 벗어둔 찢어진 검정 고무신을 발에 꿨다. 그리고 천천히 대문을 나섰다. 깜깜한 어둠과 더운 바람을 밀며 앞내 쪽으로 걷기 시작했다.

나는 어느 사이 또 울고 있었다. 주머니 속에 만져지는 쇠꼬챙이를 손바닥에 문드러져라 꼭 쥐었다. 그리고 이빨을 갈며 중얼거렸다. 거짓말이다. 이 순경 새끼는 거짓말을 하고 있다. 내가 자는 체 누워 있을 뿐 아직 잠들지 않았음을 알고 있다. 그래서 내가 들으라고 그렇게 말하고 있을 뿐이다. 제 계집과 짜고 연극을 하고 있을 뿐이다. 나는 더욱 쇠꼬챙이를 힘주어 쥐었다. 그런데도 내 마음은 편치가 않았다. 이 순경을 아무리 욕질해도 허전하기만 했다. 손에 힘이 빠졌다.

공동 건초장 마당을 지나니 아직도 거기에 동네 늙은이들이 앉아 있었다. 모깃불을 피워 놓고 세상 잡이야기를 나누고 있었다.

"그 새로 온 개발 위원장 말이다, 그 사람은 우리 아들 취직을 책임 몬 진다 안 카나. 죽은 그 위원장이 서울의 과자공장에 경비원으로 취직시켜 준다 캐서 나도 순순히 도장을 찍었거덩. 그런데 이미 논뙈기는 남의 손에 넘어갔는데 책임질 사람은 죽어 뿄으니깐, 이 모두가 대두새끼 때문 아닌가베."

"허허, 장 서방도 그래 개발 위원장 그 사람 말이 사탕발림인 줄 죽은 인제나 동네사람들이 다 알았는데, 살았다고 취직시켜 줄 것 같소? 무식한 촌놈 우리가 속은 기지."

"저 쪽 비산리 마을은 무신 기계 공장이 선다고 땅값이 하루에도 몇 십 발 뛴다 카더만. 우리가 부로칸가 뭔가한테 옴팍 넘어갔어. 면장 지낸 그 정 영감이 부로카한테 돈을 얼매나 처묵었길래, 그래 앞장서서 동네사람을 꾀며 설치고 다니는지 모르겠네."

나는 앞내 쪽으로 발소리를 죽이며 걸었다. 작년 겨울이었다. 엄마가 도망가기 며칠 전이었다. 그 날도 아버지는 어느 잔칫집에서 늑장을 부린 끝에 술에 취해 돌아왔다.

엄마가 일품을 팔아 수제비죽으로 저녁을 막 때우고 났을 때였다. 아버지는 기침을 쏟으며 나를 붙잡고 주정을 시작했다.

"열추야, 사람은 말이다, 한분 나면 반드시 죽는기라. 병들어 죽든 늙어 죽든 죽는기라. 삼라만상에 살아 있는 것은 다 한분은 죽는기라. 결국 나도 죽는기라."

그러자 엄마가 악을 썼다.

"그래, 죽어라. 어서 팍 죽어라. 쥐도 새도 모르게 죽어 뿌리라. 이 세상에 아무 쓸모 없는 폐병쟁이야, 니 뒈지는 꼴 보고 나는 죽겠다."

그 날 밤 아버지는 피를 한 사발이나 넘게 토했다. 살인 사건이 있던 그 날도 그랬다. 한낮에 무슨 일이 있었는지 아버지는 붉은 눈으로 씨근거리며 집으로 뛰어들었다. 아버지는 무엇인가를 두리번거리고 찾으며 중얼거렸다.

"마 끝장을 내뿌리는기라. 꼴 같잖은 목숨, 지 죽고 내 죽는기라. 머 사람 쥑이는기 별거 아닌 거 아니가. 전쟁 때도 너나 없이 그렇게 쥑였는기라. 시상에 나쁜 놈들을 쥑여뿔고 내 같은 쓰레기도 죽는기라. 내가 안 쥑여도 언젠가 하늘이 쥑이는 거 아니가. 하늘이 병 걸리게 하고 늙게 해서 쥑이는 거 아니가."

아버지는 몹시 허둥대고 있었다. 아버지는 뒤곁으로 돌아가더니 녹이 발갛게 슨 도끼를 들고 나왔다.

"아부지, 우짤라고 그래요?"

내가 소리치자 아버지는 걸음을 멈추고 쪽마루에 앉은 나를 멀거니 바라보았다. 아버지는 마치 바보처럼 입을 헤벌리며 말했다.

"열추구나, 왜 우리는 말이다, 이래 미워하고 살아야 하노?"

아버지의 복숭씨같이 여윈 목울대가 떨리고 있었다. 나는 밑도 끝도 없는 아버지의 갑작스런 질문에 아무 대답도 못 하고 있었다. 그러면서도 무엇인가 일이 저질러지기를 바라고 있었다. 무슨 일이든 깜짝 놀랄 만한 일이, 세상을 발칵 뒤집을 사건이 얼른 생기기를 바라고 있었다.

그런 마음은 나도 알 수 없었다. 뱁새 같은 얼굴로 하릴없이 컴컴한 방구석에 앉아 자지나 주물럭거리고 거미나 바퀴벌레나 빈대나 잡아죽이는 나는 그 때처럼 갑자기 가슴이 뛴 적이 없었다. 나의 마음은 이상한 기쁨으로 끓어올랐다.

'죽여요, 뭐든지, 아주 죽여 버려요!'

나는 말하지 않았으나 속으로 그렇게 외치고 있었다. 그래서 아버지가 횅 밖으로 뛰어나가는 것을 아주 흡족한 마음으로 바라보고 있었다.

그 때, 아버지가 그 도끼로 내 머리를 박살내더라도 나는 정말 행복하게 죽을 수 있을 것만 같았다. 누가 누구를 어떡하든 그것이 문제가 아니라, 제발 그런 일이 나를 중심으로 일어났으면 싶었다. 나는 아버지 뒤를 따라나서지는 않았지만 휘청거리는 아버지의 여윈 어깻죽지를 보며 숨넘어가는 소리로 말했다.

"아부지, 타작 마당에 도리깨질* 있제? 그렇게, 그렇게 팍 해치워 뿌리소."

---

* **도리깨질** 도리깨로 곡식을 두드려 떠는 일. 도리깨란 곡식의 낟알을 떠는 농구의 하나로, 장대 끝에 서너 개의 휘추리를 달아 휘둘러 가며 친다.

나는 앞내의 자갈 바닥에 쭈그리고 앉았다. 어둠 속에서 소리 죽여 흐르는 물을 바라보고 있었다. 물은 이따금 반딧불처럼 번쩍번쩍 비늘을 뒤집었다. 개구리가 연신 개골개골 울었다. 나는 조약돌을 하나 집어들어 물에 던졌다. 풍덩 소리와 함께 주위의 개구리들이 잠시 울음을 그쳤다가 다시 울기 시작했다. 나는 이제 울고 있지 않았다. 그렇다고 무엇을 생각하고 있지도 않았다. 강 건너편 쪽에서 자욱이 피어오르고 있는 밤안개를 바라보고 있었다.

어둠 속에서 안개는 증기같이 뿌옇게 피어올라 어둠을 뿌옇게 가려오고 있었다. 밝음이 어둠 속으로 사라지는 것이 아니고 어둠을 밝게 가려오는 안개가 신기했다. 주위는 개구리 울음소리와 물 흐르는 소리뿐 아주 조용했다.

먼데 개가 여우 소리로 길게 울었다. 물 겉면에서부터 피어올라 하늘 끝으로 사라지고, 그럴수록 무궁무진 다시 피어오르는 안개의 되풀이를 멀거니 보고 있었다. 마치 꿈 속 같기도 하고 유령의 세계 같기도 한 안개가 나를 그 속으로 부르고 있었다.

그 속에서 아버지가 쉰 목소리로 악마같이 나를 부르고 있었다.

"열추야, 괴로운기라. 사는 기 쓸쓸한기라. 그러다가 사람은 한분은 죽고 마는기라."

나는 고무신을 벗었다. 물 속으로 들어가기 시작했다. 시원하고 정결한 물의 느낌이 다리에서부터 정강이로 허벅지로 차올랐다. 강 건너 아카시아 숲을 덮으며 피어오르는 안개를 쫓아 나는 바짓가랑이가 젖는 것도 잊고 물 속 깊이 들어가기 시작했다. 바지 위로 빳빳한 쇠꼬챙이가 손에 스쳤다. 나는 쇠꼬챙이를 꺼내었다.

이 순경과 종세가 떠올랐다. 숭숭이 구멍난 그들의 붉은 뺨과 후벼파져 쥐구멍처럼 컴컴한 눈이 떠올랐다. 나는 그들을 철저히도 사랑하지 않았으나, 이제 그들을 미워할 건덕지가 아무것도 없음을 알았다. 그것

금강

은 비단 조금 전에 엿들은 이 순경 내외의 말 때문만은 아니었다.

강 가운데로 들어갈수록 물살이 세어지고 있었다. 물이 가슴까지 차오자 걷기가 불편했다. 짧고 비틀어진 왼쪽다리가 자꾸만 이끼낀 돌멩이에 미끄러졌다. 그러나 나는 안개를 쫓고 있었다. 어둠 속에서 자꾸만 달아나는 안개 속으로, 그 속에 묻히고 보호받기 위해 나는 강을 건너고 있었다. 차츰 센 물살에 내 몸이 밀리기 시작했다. 헤엄을 치지 못하는 나는 풀적풀적 뛰며 두 손을 휘저으며 더욱 강 깊이 들어갔다.

나는 죽겠다는 결심을 하고 있지는 않았으나, 설령 죽는다고 해도 그것이 아무렇지 않게 여겨졌다. 왜냐 하면 나는 내가 살아 있지도 죽어 있지도 않은 상태라고 여겨져 어느 쪽을 내가 택한다 해도 그것에 아무런 불만이 없다.

또 어느 쪽이 나를 택한다 해도 마찬가지였다. 나는 아무쪽도 제대로 알고 있지 않기 때문이었다. 차츰 안개가 내 목을 감아 왔다. 찬 안개는 나의 얼굴을 아주 다사롭게* 껴안았다.

---

* 다사롭다 조금 따뜻한 기운이 있다.

이외수

개미귀신

개미귀신*

파리의 양쪽 날개를 모두 떼어내고 텅빈 운동장 복판에다 놓아둘 것.
저물녘 기어다닌다는 외로움.

날개를 준비함. 장소는 꽃밭. 시간은 역시 저물녘. 황혈염*에 탄산칼
륨을 가하여 가열한 다음 얻어낸 백색의 고체, 청산가리. 그리고 승홍*
도 약간. 주사기를 사용함. 외로움을 느끼지 말 것. 기타.

삼촌은 단 한 번의 연애에는 비록 실패했었지만, 단 한 번의 자살에
서 결국 성공한 사람이었다.

당연한 귀결이었다. 아마 삼촌만큼 신의 혜택을 받지 못한 사람도 이
세상에는 드물 것이며, 삼촌만큼 신을 증오해 본 사람도 이 세상에는
드물 것이다.

삼촌은 말더듬이였다. 언제나 하고 싶은 말을 약 십 초 정도 목구멍

---

* 개미귀신(重痛) 명주잠자리의 애벌레. 길이 1cm 가량이고 몸빛은 회갈색이다. 개미지옥을
  파고 그 밑에 숨어 있다가 미끄러져 떨어지는 개미를 잡아먹는다.
* 황혈염(黃血鹽) 페로시안화칼륨. 황색의 결정으로, 철 등의 검출에 쓰임.
* 승홍(昇汞) 염화제이수은의 속칭.

개미귀신의 어른벌레인 명주잠자리

에다 잔뜩 눌러 놓았다가 갑자기 퇴퇴퇴 뱉어내는 버릇이 있었다. 그리고 일단 뱉어낸 뒤에도 순조롭게 진행해 나가는 법이 없었다. 수시로 더듬거리곤 했다.

때문에 삼촌이 아무리 심각한 이야기를 해도 그것은 심각하게 들리지가 않았고, 아무리 슬픈 이야기를 해도 그것은 슬프게 들리지가 않았다. 마치 구충제 먹은 뒤의 민촌충처럼 토막이 나서 떠듬떠듬 삼촌의 입 밖으로 뱉어지는 삼촌의 이야기들은 언제나 그 진실의 반 이상이 이미 목구멍 속에서 삭감되어져 버린 듯한 느낌이었다.

언젠가 삼촌의 아버지로부터 몽둥이로 심하게 매질을 당한 뒤로 생겨난 버릇이라는 거였다.

그러나 그 무엇보다도 비극적인 것은 삼촌이 다리를 전다는 사실이었다. 어릴 때 소아마비를 앓았던 모양이었다.

목발을 짚고 다닐 정도로 심하지는 않았지만, 그래도 눈에 띄게는 절름거리는 편이었다.

게다가 성장과정도 별로 좋지 않은 것 같았다. 삼촌의 어머니는 삼촌이 어렸을 때 다른 남자와 눈이 맞아 어디론가 도망쳐 버린 모양이었고, 삼촌은 줄곧 주정뱅이이자 폭군이었던 삼촌의 아버지 밑에서 자라난 모양이었다. 삼촌의 얼굴이 유난히 못생기고 키가 유난히 작았던 이유는 혹시 삼촌이 술과 몽둥이에 오래 찌들고 주눅들어 왔었기 때문은 아니었을까.

그러나 삼촌의 아버지는 삼촌이 말을 더듬기 시작하면서부터 삼 년 뒤엔가에야 완전히 술잔과 몽둥이를 팽개쳤다. 개과천선을 한 것이 아니라 간경화증으로 죽어 버린 것이다.

그동안 여러가지로 삼촌네를 도와 주었던 친척들은 한편으로는 잘 죽었지 하면서도, 또 한편으로는 언제나 친척들이 자랑삼아 전통으로 간직해 왔던, 동기간으로서의 남다른 협동심을 끝까지 잃지 않으려고 노력했었다.

장례식이 끝나고 친척들은 다시 얼마간의 돈을 모아서 사석동 변두리에다 조그만 개인 화실 하나를 삼촌에게 꾸며 주었다. 삼촌의 소질을 살려 주자는 마음에서였다.

사실 삼촌은 그림에만은 남다른 재질을 갖추고 있던 사람이었다. 혼자 공부해서 관전에도 몇 번 입상을 했던 적마저 있었다. 삼촌은 남들이 신에게서 찾으려 들었던 구원의 진정한 의미를 그림에서 찾아보려고 발버둥쳤던 사람이었다.

삼촌은 친척들이 사석동 변두리에다 꾸며 준 개인 화실에서 두문불출 그림에만 몰두해 있었다. 날마다 영혼의 즙을 짜내어 캔버스 속에다 적시면서 삼촌의 내부에 무겁게 누적되어 있던 어둠을 걷어내려고 노력했었다.

그렇다. 신이 삼촌에게 내려준 혜택은 단지 그림에 대한 재질과 정열 그것뿐이었다.

그외의 모든 것은 가혹한 형벌과 쓰라림뿐이었다. 아니다. 신은 또하나의 혜택을 삼촌에게 내려준 적이 있기는 있었다. 한 여자로 하여금 삼촌의 그림에 도취케 만들고 삼촌으로 하여금 그 여자의 모든 것에 도취케 만들어, 마침내는 그 여자가 삼촌의 애를 밸 수 있도록 만들어 주었던 일…….

그러나 삼촌이 차라리 한 마리 날개 없는 파리로나 태어나게 만들지 않고 다리를 저는 인간으로 태어나게 만든 것이 신의 첫번째 실수였다면, 그 여자로 하여금 삼촌의 그림에 도취케 만들고, 삼촌으로 하여금 그 여자의 모든 것에 도취케 만들어 마침내는 그 여자가 삼촌의 애를 밸 수 있도록 만들어 주었던 일은 신의 두번째 실수였음에 틀림없다.

그 여자가 삼촌의 화실을 방문한 것은 어느 여름 장맛비가 개고 난 뒤의 해질녘이었다.

T셔츠에 청바지 차림. 한쪽 손에는 스케치북을 들고 있었다. 어딘지 모르게 나른하고 염세적으로 생긴 여자였다.

그 여자의 나른함을 어떻게 표현해야 좋을까. 보는 사람의 세포까지 환각제가 스며든 듯 나른해져서, 차츰 그 여자를 한 번만 가만히 안아 보고 싶다는 충동에 사로잡히게 만드는, 그 여자의 이상한 분위기를 어떻게 표현해야 좋을까.

"그림…… 좀 구경해도 되나요?"

그 여자는 그렇게 말해놓고 나서도 잠시 출입문 앞에 서 있었다. 목소리까지 나른한 여자였다. 기우는 서녘 햇빛이 창문으로 비쳐들어 그 여자의 한쪽 어깨를 치자빛으로 물들이고 있었다. 비가 갠 뒤였으므로 그 햇빛은 맑고 깨끗해 보였으며, 그 여자는 그 햇빛 속에 금방 나른하게 녹아 없어져 버릴 것 같았다.

"구 구경하십시오."

한참 만에야 삼촌이 대답했다. 처음 보는 사람에게는 더욱 말을 제대로 못 하는 게 삼촌이었다.

그 여자는 삼촌의 허락이 떨어지자 조그만 이를 드러내고 역시 나른하게 웃어 보였다.

그리고 천천히 벽에 걸린 그림 앞으로 걸어나갔다. 그 여자는 상당히 오래도록 한 그림 한 그림을 보아 나가고 있었다.

삼촌은 주로 폐인 같은 모습을 가진 사람들을 즐겨 그려 왔었다. 이를테면 행려병자*, 아편쟁이, 알코올 중독자, 미치광이 같은 사람들이 작품의 주된 소재였다.

완성된 삼촌의 그런 작품들은 한결같이 만지면 화면 전체에서 썩은 곰팡이가 손가락끝에 묻어나거나, 간혹 그 폐인 같은 모습을 가진 사람

＊행려병자(行旅病者) 나그네로 떠돌아다니다가 병이 든 사람.

물감으로 쓰이는 치자나무의 열매

들의 늑골 사이로 어떤 고통의 신음소리 같은 것이 새어나올 것만 같은 느낌이었다.

또 가끔 삼촌은 곤충들의 애벌레를 즐겨 작품 소재로 삼아 보기도 했었다. 삼촌은 어둡고 습기 찬 바탕색 위에다 아주 꼼꼼한 필치로 그 곤충들의 애벌레를 한 마리 한 마리씩 그려 넣곤 했었는데, 완성된 후에 보면, 그 곤충들의 애벌레는 마치 부패한 동물들의 시체 속에 득시글거리는 구더기들처럼 화면 속에 가득 들어차 스물스물 움직이고 있었고, 어느 새 보고 있는 사람들의 살 속에까지 파고들어와 온통 스물스물 움직이고 있는 듯한 느낌이었다. 한마디로 삼촌은 참혹한 자기 자신을 캔버스에다 옮겨놓고 싶어했었던 것이다.

삼촌은 이제 그 여자가 그림 앞으로 옮겨다닐 때마다 마치 실기대회에 나온 중학생이 심사 광경을 엿보고 있을 때처럼 몹시 흥분된 표정을 감추지 못하고 있었다. 아마 삼촌이 여자에게 자기 그림을 공개해 보기는 이번이 처음이 아닐까 하는 생각까지 들 정도였다.

그러나 그 여자는 그림에 대한 자기의 의견을 한 번도 삼촌에게 말해 주지 않았다. 그냥 오래도록 주의깊게 들여다보기만 했다. 그러다가 이윽고 어느 그림 앞에선가 현기증을 느낀 듯 이마를 짚으며 비로소 낮게 한 번 비명을 질렀다.

아!

그 여자는 약간 옆으로 기울어질 듯이 보였다. 완전히 그 그림 속에 도취되어 버린 듯한 표정이었다.

그 그림은 바다 밑에 가라앉아 있는 한 폐인의 시체를 그린 것이었다. 어두운 바다 밑, 한 사내가 모래 위에 누워 있었다.

늑골 속이 휑하니 비어 있는 남자였다. 그리고 휑하니 비어 있는 늑골 속에 녹슨 칼 한 자루만 놓여 있었다. 머리맡에는 시집이 한 권, 빈 술병도 몇 개 쓰러져 있었다.

사내의 야윈 팔이며, 다리에는 바다풀들이 감겨 조금씩 흔들리고 있었고, 바다 밑 저끝으로도 노을이 감빛 음악처럼 번져서 사내의 영혼을 헐어 주고 있었다.

그 여자는 실내를 한 바퀴 다 돌고 나서도 다시 그 그림 앞에서 넋을 잃고 서 있다가, 천천히 삼촌에게로 다가왔다. 그리고 아직도 어떤 환상에서 미처 깨어나지 못한 음성으로 조심스레 물어 보았다.

"저기 저 그림 보러 가끔 여기 와도 괜찮겠어요?"

삼촌이 쾌히, 그러나 심하게 말을 더듬으면서 그렇게 해도 좋다고 허락한 것은 물론이었다.

그 후부터 정말로 가끔, 그 여자는 바다 밑에 가라앉아 있는 폐인을 보러 삼촌의 화실을 방문하곤 했었다. 차츰 삼촌은 그림보다 그 여자를 기다리는 데 더 많이 신경을 쓰게 되었고, 그 여자가 오지 않는 날은 아무 일도 못 한 채 하루에도 몇 번씩 창밖을 내다보거나 하루에도 몇 번씩 화실 안을 서성거리게 되었다.

가을이었다. 삼촌은 차츰 밤을 새우는 일이 많아져 갔다. 삼촌은 엉뚱하게도 그 여자에게 보내는 연애편지에 몰두하기 시작했던 것이다. 그러나 삼촌의 그 여자에 대한 사랑이 과연 진실이라면 어떻게 삼촌이 그 진실을 편지 속에 충분히 표현해 넣을 수 있었을 것인가. 그리고 어떻게 그 여자에게 전달해 줄 수가 있었을 것인가.

본디 진실이란 가슴 안에만 존재하지 가슴 밖으로 나와 버리면 그 본질이 달라져 버리는 법이다. 그리고 그 가슴 안에 있던 진실의 빛깔이 짙으면 짙을수록 그것을 밖으로 꺼내기가 어려운 법이다. 당연히 아침이 되면 삼촌이 밤을 새워 써놓았던 그 진실의 껍질들은 잘게 찢겨 쓰레기통 속으로 들어가 버리곤 했다.

그 여자는 대개 사흘에 한 번 정도의 간격으로 삼촌의 화실을 방문했었다. 그러나 아무리 물어도 그 여자 자신의 신상에 대해서는 절대로 이야기를 해 준 적이 없었다.

"시시하잖아요. 그런 거 묻지 마세요."
라는 대답으로 곧잘 상대편의 입을 막았다.

삼촌이 알고 있는 그 여자의 신상에 대한 것은 단지 그 여자가 최근 몹시 삼촌의 속을 태우는 존재로 변해 버렸다는 사실 하나뿐이었다.

그러나 그 여자는 삼촌이 생각하는 것만큼 그렇게 접근하기가 어려운 여자는 아니었다.

어느 날 갑자기 그 여자가 삼촌 앞에 불쑥 끄집어낸 말 한 마디만으로도 대번에 짐작할 수가 있는 일이었다.

"삼촌, 내 몸을 가지고 싶으세요?"
그 여자는 아무렇지도 않다는 표정으로 그렇게 말했다.

그 말은, 하지만 삼촌의 입장으로서는 생애 최초이자 최고의 충격적이고 현기증 나는 말이었을 것임에 틀림없었다. 삼촌은 그 말을 듣자 갑자기 전신이 마비되어 버린 듯한 표정으로 뻣뻣이 굳어 있다가, 한참만에야 울상을 지으며 겨우, 화이트를 한 깡통 사야 할 텐데 하고 엉뚱한 소리로 얼버무려 버렸다.

하지만 그 날 그 여자가 돌아가고 나서부터 줄곧 이틀 동안 삼촌은 한잠도 못 잤다. 도대체 그런 말을 서슴지 않고 끄집어낸 저의는 무엇이었을까.

여자는 난해하다. 그 어떤 현대 시인의 난해시보다도 난해하다.

그러나 깊이 생각해 볼 필요는 없었다. 그로부터 며칠 후 그 여자는 다시 삼촌의 화실에 나타나 주었고, 그 날 밤 그 여자는 정말로 집에 돌아가지 않았다.

"남자들은 나를 보면 첫눈에 내 몸부터 가지고 싶어하죠. 하지만 난 내 몸 따윈 아무래도 좋다고 생각해요. 누구든 가지면 되는 거죠. 그뿐이에요."

삼촌과 그 여자의 사이는 이제 급격히 가까워져 있었다.

삼촌은 오직 그 여자를 기다리기 위해서 이 세상에 태어난 사람 같았다. 하루만 못 보아도 안절부절을 못했다. 그 여자가 오지 않는 날, 삼촌이 해낼 수 있는 일이란 역시 그 창문을 내다보는 일과 화실 안을 서성거리는 일뿐이었다.

그 여자가 나타나 주어야만 비로소 삼촌은 붓을 잡을 수가 있을 정도로 변해 있었다.

화실 벽에는 하나둘 그 여자의 나른하고 염세적인 모습들이 늘어가고 있었다. 옷을 입은 모습도 있고, 옷을 벗은 모습도 있었다.

"나도 옛날에는 그림을 무척 열심히 그렸었죠. 그런데 이젠 잘 안 되네요. 누군가가 죽고 나서부터예요. 그 사람 미치광이였어요. 자살 예찬론자."

그러나 그 여자는 그 옛날이라는 것에 대해 이제 더 이상 생각하고 싶지 않다는 듯한 눈치였다. 그 무엇인가를 이야기하려다가도 문득 입을 다물어 버리고 간단히 마무리를 지어 버리곤 했다.

"앞으로 삼촌을 좋아하려고 노력해 볼게요."

그 여자는 극히 무리한 요구가 아니라면 될 수 있는 대로 자기 자신을 삼촌에게 완전히 맡겨 버리려고 애를 썼다. 삼촌이 원하는 대로 삼촌과 함께 화실에서 자고 가 주곤 했다.

"승홍이라는 게 있어요. 염화제이수은이죠. 조금만 혈관 속에 주사해넣어도 죽을 수가 있어요."

어느 날 그 여자는 삼촌과 마주앉아 이렇게 말했다.

"삼촌도 한번 자살해 보시지 않겠어요?"

그리고 정말 핸드백 속에서 약병 하나와 주사기를 꺼내 보였다.

"저기 책상 위에다 놓아둘 테니까 필요할 땐 언제든지 사용하세요."

그러나 삼촌은 그럴 수가 없는 사람이었다. 삼촌이 지금까지 경영해

온 그 많은 어둠의 시간들, 억울한 형벌들, 그것들에 대한 보상도 받지 못한 채 겨우 자살이나 해 버리기에는 삼촌이 가진 한이 너무 많았다. 삼촌은 살아간다는 사실에 대해 너무 많은 의미를 부여해 놓은 사람이었다.

"나, 나도 언젠가는 나, 날개를 가지게 된다……."

삼촌은 수시로 그렇게 중얼거려 왔었다. 그리고 캔버스 앞에 앉기만 하면 마치 치열한 전투에 임하듯 안간힘을 다했었다.

그러나 이제 삼촌은 그 여자 때문에 완전히 붓끝에 맥이 빠져 있었다. 그 여자가 곁에 없으면 아무것도 손에 잡히지 않는다는 거였다. 삼촌은 고민하고 있었다.

그 여자를 끝까지 붙잡아둘 수 없다는 것쯤은 삼촌도 처음부터 알고 있었겠지만, 삼촌은 그 여자를 단념하기엔 너무 장래가 참담한 모양이었다. 삼촌은 한시라도 그 여자와 떨어져 있고 싶지 않다는 듯한 태도였다. 어떤 구실을 붙여서라도 그 여자와 함께 있는 시간을 연장하려고 노력했다.

"그림을 그리세요."

그 여자는 그러한 삼촌이 답답해 못 견디겠다는 듯 자주 그렇게 충언했었다. 어느 새 밖에는 겨울이 당도해 있었다.

"좋아요. 최소한 일 주일 동안만은 동거 생활을 해 드리죠. 그 이상은 안 돼요. 난 알고 보면 대단히 복잡한 여자예요."

어느 날 그 여자는 삼촌에게 말했다. 며칠 동안 갑자기 날씨가 추워져 있었으며, 아직 한 번도 눈은 내리지 않았고, 화실은 몹시 썰렁한 분위기였다.

그러나 삼촌은 그 여자가 허락한 일 주일 동안 단 한 점의 작품도 만들어내지 못했다. 다만 삼촌은 그 여자의 몸을 자기 몸의 일부라고만 생각하고 있는 것 같았다.

그리고 어떻게 해서든 그 자기 몸의 일부 속에다 자기 영혼까지를 불어넣어 보려고 온갖 노력을 다 기울였다.

"그림을 그리세요. 삼촌이 그림을 그리지 않는 한 절대로 나는 삼촌을 좋아할 수가 없어요. 삼촌은 충분히 나를 미치게 만들 수 있는 조건들을 갖추고 있어요. 자, 그림을 그리시라니까요."

그 여자는 계속해서 말했다. 자기가 이 화실을 자주 찾아오는 이유는 자기가 좋아하는 그림이 있기 때문이기도 하지만, 삼촌이 혼신을 다해 그림을 그리는 모습을 보고 싶어서였노라고.

그래도 삼촌은 마찬가지였다.

"내가 왜 매일 빈 스케치북이라도 들고 다녀야 하는지, 지금 내 심정이 어떠한지, 삼촌은 전혀 이해하지 못하고 있군요."

마침내 그 여자는 맥빠진 표정이 되어 버렸다.

그 여자가 약속한 일 주일이 이틀밖에 남지 않았을 때, 삼촌은 그 여자에게 함께 죽어 버리자고 간신히 말을 꺼내 보았었다. 그러나 그 여자는 반대였다.

"도대체 말도 안 되는 소린 하지도 말아요. 자살이 뭐 그런 시시한 감상이나 사치에 의해서 감행되어지는 건 줄 아세요. 끝이 보여야 한다니까요. 초연한 상태로 죽을 수 있어야 해요."

그건 삼촌도 마찬가지 생각일 거였다. 사실 삼촌은 자살하는 사람들을 지금까지 언제나 혐오하고 비웃어 왔었으니까, 비겁한 놈들이라고 죽을 힘이 있으면 살 힘도 있는 법이라고.

"나, 나도 언젠가는 나, 날개를 가지게 된다……."

그 날개의 상징적인 의미는 무엇이었을까. 삼촌은 가끔 야외로 곤충 채집을 나가는 버릇이 있었다.

포충망, 충관, 애벌레관, 삼각통, 핀셋, 수충망 따위의 채집 용구들을 꾸려 가지고 강이며 들이며 산 속을 절름절름 헤매면서 곤충이나 곤충의 알, 애벌레, 번데기들을 산 채로 채집해 와서는 표본할 것은 표본을 하고 기를 것은 길러서 우화시키는 버릇이 있었다. 우화란 번데기가 날개 있는 벌레로 변하는 것을 말함이었다.

삼촌의 화실 한쪽에는 여러개의 곤충 사육상자들이 형형색색으로 쌓여져 있었고, 그 속에는 바구미, 물땡땡이, 노린재, 장구애비, 사마귀, 게아재비, 박각시, 물장군, 방게, 소금쟁이, 풍뎅이, 송장메뚜기, 개미귀신…… 따위들의 알이나 애벌레, 또는 번데기나 우화된 어른벌레들이 살고 있었다.

밤이 깊어져 고요해지면 그것들이 마치 모래알 사각거리는 소리처럼 작은 소리로 속삭이고 있는 소리를 들을 수가 있었으며, 그것들은 항시 그 무슨 일들엔가 열중해서, 그것들대로 어떤 작고 새로운 세계로의 길을 틔우고 있는 것처럼 생각되어졌었다.

삼촌의 말을 빌면, 곤충은 북극이나 남극 같은 한대지방에서부터 열대의 정글이나 사막에 이르기까지, 하늘 위에도 땅 속에도 물 밑에도 꿀벌들의 겨드랑이나 사람들의 사타구니나, 심지어는 다른 동물들의 썩은 시체에서부터 냄새나는 똥 속에 이르기까지 닥치는 대로 생활의 터전을 잡고 살아가는 환경적응의 가장 뛰어난 성공자들인 모양이었다.

그 종류만도 약 백만 종, 지구상에 있는 전 동물의 약 사분의 삼이 곤충이라는 거였다. 과연 삼촌의 말대로 곤충은 '존경할 만한 가치가 있는' 동물이었다.

그러나 삼촌은 곤충이라고 해서 무조건 존경해 주지는 않았다. 삼촌은 그 어떤 환경에 살든, 그리고 그 어떤 모양을 가졌든 날개가 없는 곤충은 절대로 존경해 주지 않았다.

존경은커녕 보는 대로 그 자리에서 잡아죽이곤 했다. 이를테면, 좀무리, 톡토기 무리, 쇠귀뚜라미의 암컷이나 이, 벼룩 등의 무리들은 삼

박각시

촌을 또 하나의 천적으로 삼고 있는 셈이었다. 반면에 삼촌은 유지매미 따위들을 항상 존경해 마지않았었다. 유지매미는 굼벵이로 애벌레 생활을 하면서, 무려 칠 년 동안이라는 기나긴 세월을 어둡고 습기찬 땅속에서 고통스럽게 방황한 다음에라야만, 비로소 은혜의 날개를 얻어 하늘을 날아다닐 수 있다는 거였다.

말하자면 삼촌은 곤충에게서 삶의 한 방법적 교훈을 얻어낸 셈이며, 날개가 있는 모든 곤충들의 생활이 날개를 가지게 되기 전에는 삼촌 자신과 아주 흡사하다고 생각하고 있음이 틀림없었다.

어느 날 삼촌의 화실에 취미삼아 그림을 좀 배워볼 수 없겠느냐고 한 남자가 찾아왔었다.

그러나 삼촌은 그 남자의 '취미삼아'에 대해서는 전혀 관심을 나타내보이지 않고, 엉뚱하게도 곤충 사육 상자들이 쌓여 있는 곳으로 그 남자를 데리고 가서는 모래가 담긴 상자 하나를 가리키며 이렇게 물어 보았었다.

"이 모, 모래 상자 속에 무, 무엇이 사, 살고 있는지 아시겠습니까?"

그 모래 상자에 담긴 모래는 결이 곱고 깨끗해 보였으며, 그 결이 곱고 깨끗해 보이는 모래의 표면에는 마치 밑구멍이 없는 원뿔 모양을 뒤집어놓은 것 같은 조그만 분화구들이 빠끔빠끔 파여져 있었다.

"개미귀신이 살고 있군요."

그 남자는 자신있게 대답했었다.

"그, 그럼 개, 미귀신이 무, 무얼 먹고 사는지 아십니까?"

다시 삼촌이 그 남자에게 물어 보았었다.

"개미를 먹고 살지 않습니까?"

"마, 맞습니다."

삼촌은 잠시 무엇인가를 깊이 생각하더니 다시 그 남자에게 질문을 던졌었다.

"그, 그럼 개미귀신이 크, 크커서는 무엇이 되는지 아십니까?"

그러자 그 남자는 대답하지 못했었다. 삼촌은 그 다음부터는 그만 입을 다물어 버렸고, 그 남자가 개미귀신이 커서는 무엇이 되느냐고 물어보아도 그냥 묵묵히 캔버스 앞에 앉아 그림만 그리고 있었다. 그 남자가 약간 무안한 표정으로 삼촌의 그림에다 잠시 한눈을 팔다가, 원 별자식 다 보겠네 하는 표정으로 문을 쾅 닫고 화실을 나가 버리고 난 다음에야 비로소 삼촌은 입을 열었다.

"그, 그림은 취 취미삼아 그리는 게 아니야……."

하지만 개미귀신이 왜 거기에 끼어들었던 것일까. 그리고 개미귀신이 크면 또 무엇이 된다는 것일까.

삼촌은 개미귀신이 모든 곤충들 중에서 가장 자기와 닮아 있다고 말했었다. 개미귀신의 다리는 다른 곤충들의 애벌레와는 달라 뒤로 아래로 향해서밖에는 움직일 수 없도록 되어 있다는 거였다. 또 크면 날개를 가진다고도 했다.

삼촌은 그러나 더 이상은 말해 주지 않았었다. 그 곤충의 이름이 무엇인지 날개는 어떤 빛깔을 가지고 있으며, 생태는 어떠한지 전혀 말해 주지 않았었다.

개미귀신이 커서 날개를 가진 곤충으로 우화한다니 금시초문인 이야기였다. 다른 사람들도 마찬가지인 모양이었다.

"개미귀신이 커서 하늘을 날아다니게 된다구. 웃기는 소리 하지 마라. 개미귀신이 무슨 피터팬이냐 하늘을 날아다니게. 개미귀신은 평생 개미귀신일 뿐이야. 다 커서 뭐가 되냐구? 시체가 되지."

이런 식이었다. 그러나 삼촌은 개미귀신이 크면 틀림없이 날개를 가진 곤충이 된다고 우겼다.

그리고 날마다 개미지옥에다 개미를 잡아다 넣어 주곤 했었다. 그러나 개미지옥에서는 개미귀신이 개미를 잡아먹는 일 이외에는 아무런 변화도 일어나지 않고 있었다.

삼촌은 그 이유가 햇빛이 부족하기 때문이라고 생각했음인지, 모래 상자를 창틀 위에다 올려놓고는 틈나는 대로 그것을 들여다보곤 했었다. 삼촌은 하루빨리 거기서 무슨 변화가 일어나 주기만을 간절히 빌고 있는 듯한 태도였다. 여름이었다.

역시 모래 상자 속에서는 아무런 변화도 일어나지 않은 채 며칠 동안 장맛비만 계속되고 있었다. 창틀에 놓여 있던 그 모래 상자는 다시 제자리로 돌아갔다.

그래도 삼촌은 그림을 그리다 말고 문득 생각이 났다는 듯 자주 모래 상자를 들여다보곤 했다.

그러던 어느 날 갑자기 삼촌이 모래 상자 앞에서 어떤 비명 같은 탄성을 발했다.

"나, 나, 나……."

삼촌은 너무 감격한 나머지 큰 소리로 '나, 나, 나……'만 되풀이하면서 한참 동안 제대로 말을 못 하고 어쩔 줄을 모르겠다는 듯한 표정이었다.

"나나, 나, 날개다!"

삼촌이 겨우 그렇게 부르짖었을 때야 비로소 어떤 심상치 않은 일에 대한 궁금증이 그 형태를 확실하게 드러내 주었다. 모래 상자 속에서 이름을 알 수 없는 곤충 한 마리가 지금 막 새로운 탄생의 순간을 맞이하고 있었던 것이다.

그 곤충의 날개는 아주 얇고 연약해 보였으며, 별로 아름답지는 않았지만 생명체로서의 신비로움은 충분히 간직하고 있는 듯한 모습이었다. 그것은 한참 동안 모래 위에 앉아 있다가 조금씩 몸을 움직여 보더니 그 얇고 연약해 보이는 날개를 몇 번 파르르 떨어 보였다.

"이, 이게 바로 명주잠자리다. 개미귀신의 어른벌레지."

삼촌은 너무 감동해서 콧날이 다 시큰해진다는 듯한 표정이었다.

"나, 나도 어언, 젠가는 날개를 가진다."

그러니까 다시 말하자면 삼촌이 그림을 그리는 것은 취미삼아가 아니라 바로 날개를 가지는 작업이며, 그 날개를 가질 수 있을 때까지 삼촌은 마치 유시형 곤충들의 애벌레들처럼, 이를테면 유지매미의 애벌레인 굼벵이처럼 현재의 이 불행들을 감수해 나가지 않으면 안 되는 것이다.

"그림을 그리세요. 끝이 보일 때까지 그리세요. 삼촌은 나를 미치게 만들 수 있는 조건을 충분히 갖추고 있다니까요. 이게 뭐예요. 겨우 구스타프 클림트 흉내나 내고 있잖아요. 나를 그리지 말고 삼촌을 그리세요. 아참, 답답도 해라."

가끔 삼촌을 찾아와 녹음기처럼 같은 말을 되풀이하면서 그 여자는 삼촌으로 하여금 그림을 그리게 하려고 노력했다. 캔버스도 새로 사 주고 물감도 새로 사 주었다.

"날개를 가지는 작업을 하세요. 끝이 보여야 해요. 끝이 보이면 저기 저 주사기와 승홍을 사용할 수 있어요."

다른 사람이었으면 기꺼이 붓을 잡고 그림에 몰두했을는지도 모른다. 그러나 삼촌은 달랐다. 삼촌은 키도 작고 못생기고 말더듬이에 절름발이, 게다가 친척들에게 얹혀 그나마 화실이라도 하나 가지고 있는 가난뱅이 처지였다.

항시 열등 의식에 빠져 있었을 것이다. 그리고 불안했을 것이다. 언젠가는 그 여자가 자기 곁을 떠나 버리리라는 불안, 그것 때문에 삼촌은 고민하고 있었을 것이다. 그 여자가 삼촌의 호적 속에 그 여자의 이름을 올리게 된다 해도, 그 불안은 가셔지지 않을 것이다. 그 여자가 이 세상에 살아 있고 그 여자를 삼촌이 사랑하는 한, 삼촌은 결코 아무 일도 못 할 것이다.

"이젠 못 오게 될지도 몰라요. 난 알고 보면 복잡한 여자라니까요."

어느 날 그 여자는 마침내 진지한 표정으로 삼촌에게 말했다. 삼촌은 다만 고개를 깊이 떨군 채 캔버스 앞에 앉아서 아무 대꾸도 하지 않고 있었다.

"이젠 정말로 다시 못 오게 되는지도 몰라요."

그 여자는 다시 한 번 그렇게 말했다. 그리고 자기가 좋아했던 그림 앞으로 천천히 걸어가서는 오래도록 그것을 바라보았다.

"이 그림 볼수록 눈물나요."

이윽고 그 여자는 돌아섰다. 문득 정말로 그 여자가 영원히 떠나 버릴지도 모른다는 예감이 화실 가득 설레고 있었다.

그 때였다.

출입문 쪽으로 가고 있던 그 여자가 갑자기 입을 가린 채 급격히 허리를 숙이더니 무엇인가를 토하듯 윽 하고 어깨를 솟구쳐 올렸다. 그러나 잠시뿐, 그 여자는 곧 자세를 가다듬고 도망치듯 화실 밖으로 나가 버렸다.

사흘이 지나도 그 여자는 돌아오지 않았다. 물론 삼촌은 안절부절 못한 채 불안과 초조의 기다림만 되풀이하고 있었다. 때로는 하루 종일 이 도시 곳곳을 헤매어 보기도 했다. 그러나 그런 방법으로는 태평양에 떨어진 빗방울 한 개 찾아내기였다.

그 여자가 원체 자기 신상에 대한 것들을 신경써서 숨겨 왔으므로 도무지 그 여자를 찾아낼 만한 꼬투리가 생겨 주지 않았다. 겨우 다방을 전전긍긍해 보거나 남의 화실마다 찾아다니면서 이러이러한 여자가 혹시 왔다가지 않았느냐고, 심하게 자존심까지 상해가면서 묻고 돌아다녀 보는 게 고작이었다.

그러던 중 그 여자로부터 편지 한 장이 날아왔다. 삼촌은 흥분 때문에 손까지 부들부들 떨어 대면서 그 편지의 겉봉을 찢었다.

루소의 〈꿈 속의 자화상〉

형편없이 초라해져 있습니다. 삼촌의 화실에 들렀을 때 보았던 그 그림의 충격을 아직도 잊지 못합니다. 거기서 나는 다시 살아나고 싶었습니다. 옛날에 한 남자를 사랑했었습니다. 그림을 그리던 남자였습니다. 치열했고, 삼촌같이 불행에 찌들려 있었고, 그림의 끝을 보고야 자살한 사람이었습니다.

나는 누구든 사랑하지 않고는 못 배기는 여잡니다. 그렇다고 아무나 사랑할 수도 없습니다. 삼촌의 화실을 찾아갔을 때 나는 약혼 중에 있었습니다. 돈밖에 모르고, 자랑하기 좋아하고, 예술 따윈 시간 낭비로 아는 어느 건설 회사의 젊은 돼지하굽니다. 다음 달에 결혼합니다. 지금은 홀로 여행 중, 어제 삼촌의 아기를 병원에서 지워 버렸습니다. 이젠 더 이상 붙잡아 볼 게 없습니다. 텅 비어 있습니다. 그 동안 삼촌에게 잘해 드리지 못해 미안합니다.

삼촌을 좋아해 보려고 노력해 보기는 했었지만 잘되지 않았습니다. 만약 삼촌이 옛날에 자살하면서 내 뇌까지 몽땅 뽑아가 버린 그 미친 사람보다 더 자신의 삶……그림 말입니다……에 미칠 수만 있었다면, 삼촌은 반드시 그 사람보다 더 나를 미치게 만들 수 있었을 것입니다. 그리고 나는 자신있게 나의 약혼자를 버릴 수가 있었을 것입니다. 형편없이 초라해져 있다고 하더라도, 아직 나는 자살할 수가 없습니다. 끝이 보이지 않기 때문입니다. 다시 한 번 말하지만 그림을 그리시기를 빕니다. 끝이 보일 때까지. 우리는 이제 서로를 잊기로 합니다. 안녕을.

삼촌은 편지를 읽고 읽고 또 읽었다. 그리고 막막한 절망감에 빠진 얼굴로 멍하니 창밖만 내다보았다.

다음 날 삼촌은 친척들에게서 얼마간 돈을 얻어 그 여자를 찾아나섰다. 가까스로 그 여자를 찾을 만한 건덕지가 털끝만큼 생겨나 준 것이다. 우체국 소인, 그 여자가 보낸 편지의 겉봉에는 동해안에 있는 어느 소읍의 우체국 소인이 찍혀 있었던 것이다.

"여행 중이라는데 아직도 거기 머물러 있을까?"

"그, 그래도."

삼촌은 단지 '그래도'만 가지고 동해안으로 떠났다. 그리고 열흘 만에 거지꼴이 되어 돌아왔다. 종적이 묘연하더라는 거였다.

삼촌은 이제 날마다 먹지도 못하고 잠들지도 못한 채 실성한 사람처럼 멍하니 허공만 쳐다보고 있었다. 입술이 허옇게 부르트고 눈이 십리나 움푹 들어가 있었다. 참혹해 보였다. 그러다 미쳐 버리는 게 아닐까 염려될 정도였다.

"그, 그래도 하, 한 번은 와주겠지."

그래도 삼촌은 한가닥 미련만은 버리지 못하고 있었다.

"자, 잠을 좀 자고 싶다. 오, 오 분만이라도 벌써 여, 열흘째 한잠도 못 잤다. 미치겠어……."

"수면제라도……."

"소, 소용없다. 버 벌써 먹어 봤어. 하, 한꺼번에 스무 개나 머, 먹어 봤는데도 자, 잠은 안 오더라……."

정말로 미치고 환장할 지경이라는 거였다. 벽도 방바닥도 천장도 하얗게 타고 있다는 거였다.

"보이는 건, 모, 모두 다 하얗다. 먼 산도 가까운 거리도 책장도, 잉크 병도, 모 모두 다 하얗다. 무, 무서워."

삼촌은 가끔 신경질적으로 머리카락을 쥐어뜯어 보기도 했다. 안쓰럽기 짝이 없는 모습이었다.

만약 사람들의 신체에 잠샘이라고 하는 기관이 있어 그것을 이식수술할 수만 있다면 삼촌에게 몇 개 더 이식해 주고 싶을 지경이었다. 또

만약 누군가 자기의 충치앓이와 삼촌의 불면증을 맞바꾸고 싶다고 제의해 오는 사람이 있다면 당장 무르지 않겠다는 각서를 받고 맞바꾸어 주고 싶은 심정이었다.

어느 날 새벽 삼촌은 외출했다. 교회라도 한번 가 보고 싶다는 거였다. 평소 차임벨 소리만 들리면 비웃음을 섞어 중얼거리던 '저 아니꼬운 하나님'이라도 찾아보고 싶다는 거였다.

밖은 캄캄했다. 통금이 해제되려면 아직 한 시간 정도는 더 기다려야만 할 것 같았다.

"하나님이 있다고 생각해요?"

"있다."

"어떻게 그걸 증명해요?"

"그, 그럼 누가 나를 절름발이로 태어나게 했냐?"

하늘은 카랑카랑했다. 별들이 양철꽃처럼 반짝이고 있었다. 몹시 추웠다.

"봄이 오려나 부지……."

"봄이 온들 뭘 하냐."

"내복을 갈아 입죠."

"바, 바람도 원……."

싸르락싸르락 언 땅에 모래알 쓸려다니는 소리, 어느 집 장독대에선가 양은 세숫대야 굴러떨어지는 소리, 삼촌은 절름절름 다리를 절며 골목길을 빠져나가고 있었다.

삼촌은 펄럭거리고 있었다. 외로운 사랑도 펄럭거리고 외로운 절망도 펄럭거리고…….

펄럭거리다가 외등 밑에 이르러 잠시 펄럭거림을 멈추었다. 삼촌은 하늘을 보고 있었다. 몰라보게 야위어 버린 그리고 탈진해 버린 삼촌의 얼굴은 무기수의 그것처럼 막막해 보였다. 맞은편 담벼락에서 삼촌의 그림자가 배멀미를 하듯이 흔들리고 있었다. 바람에 전등갓이 흔들리고 있기 때문인 것 같았다.

삼촌은 다시 절름거리며 걸음을 옮겨놓기 시작했다. 평소 그토록 증오하던 하나님을 찾아서 절름거리며 걸음을 옮겨놓기 시작했다. 골목 안의 모든 집들은 거의 불들이 꺼져 있었고 사방은 죽은 듯이 고요한데 바람소리만 가슴을 자꾸 후벼놓고 있었다.

한참을 걸어서야 이윽고 교회를 만났다. 교회는 불이 꺼져 있었다. 그러나 그 건물은 어둠 속에서도 엄숙하고 경건한 모습으로 버티고 서서 완전히 삼촌을 압도하고 있었다.

삼촌은 교회를 오르는 가파르고 긴 계단 밑에서 첨탑 위의 십자가를 한참 동안 쳐다보고 있었는데, 삼촌의 모습은 실제보다 반 정도나 축소되어 있는 듯한 기분이었다.

"피, 피뢰침을 서, 설치했을까?"

한참 동안 십자가를 쳐다보고 있던 삼촌이 뚱딴지 같은 소리로 그렇게 말했다.

"했겠지요."

아무리 교회 주위를 둘러보아도 그 교회에 떨어지는 벼락을 대신해서 맞아줄 만큼 높은 건물은 보이지 않았다.

"교회에도 피, 피뢰침을 하나?"

"하겠죠."

"왜?"

"벼락맞지 않으려고."

"아, 아니다. 교, 교회는 피뢰침을 하지 않는다."

금시초문인 얘기였다.

"하, 하나님은 워, 원수를 사랑하라고 하셨다."

삼촌은 전도사풍으로 이야기를 하기 시작했다.

"원수를 사, 사랑하라고 하신 하, 하나님이지 자, 자기를 믿기 위해 지어 놓은 교회에다 벼, 벼락을 때릴 까닭이 없다."

삼촌은 이제 완전히 하나님께 매달려 보기로 작정해 버린 것 같았다. 마치 물에 빠진 사람들이 지푸라기라도 거머잡듯이.

삼촌은 절름절름 계단을 오르기 시작했다. 계단은 몹시 가파르고 긴 편이었다. 이 교회를 나오는 신도들은 이 계단을 다 올라갔다는 사실 하나만으로도 다른 교회를 다니는 신도들보다 생명수를 한 컵 정도는 더 얻어마실 수 있을 것 같았다.

"그 여자를 어, 어떻게 했으면 조, 좋겠니?"

"나도 모르겠어요."

"조, 좋은 여자 같지 않든?"

"모르겠어요."

"나, 나를 좋아하고 있으면서 괘, 괜히 그렇게 튕기는지도 모르지."

"……."

"그런 거 같지 않든?"

"모르겠어요."

"다시 만나면 아무도 어, 없는 산 속에 가서 다, 단둘이 살자고 말해 볼까. 아, 아무래도 남의 눈이 무, 무섭거든. 도대체 앞으로 어, 어떻게 하면 좋겠니?"

"하나님한테 물어 보세요. 이제 다 올라왔으니까."

그러나 그 가파르고 긴 계단을 다 올라갔을 때, 삼촌은 뜻하지 않은 장애물과 맞부딪쳤다. 높은 담벼락과 철대문이 삼촌 앞을 가로막고 있었던 것이다. 담벼락은 도저히 기어오를 엄두도 못 낼 만큼 높았으며, 철대문은 감옥의 그것처럼 굵고 곧은 쇠막대로 튼튼하게 만들어진 것이었다. 손을 넣고 더듬어 보니 빗장에는 커다란 자물쇠까지 매달려 있었다.

삼촌은 두 손으로 쇠막대를 잡고 힘껏 뒤흔들어 보았다. 마치 교회가 그 여자를 빼앗아다 감금해 놓기라도 했다는 듯이. 몸부림치며 몇 번이고 힘껏 뒤흔들어 보았다. 그러나 아무 소용도 없는 일이었다. 삼촌은 그만 그 자리에 털썩 주저앉아 버렸다. 그리고 오래도록 웅크린 채 일어나지 않았다.

"이제 그만 내려가지요."

그러나 삼촌은 마침내 울고 있었다.

이윽고 삼촌은 구체적으로 그 여자를 증오하기 시작했다. 봄이 되어 있었다. 날씨는 연일 화창하고 꽃들은 눈부셨지만 세상의 그 어떤 아름다운 것도 그 여자가 곁에 없는 지금의 삼촌에게는 더욱 증오만 끓어오르게 만드는 요소들일 뿐이었다. 그 아편 같은 시간들, 그 몸부림의 결말. 삼촌은 모든 기억의 화분마다 아픈 살점들을 떼어 심고 증오의 싹들을 키우기 시작했다.

삼촌은 화실 서쪽 벽에다 동자의 얼굴 하나를 그려 놓았다. 이상하게 생긴, 머리카락도 없고 눈동자도 없는, 어딘지 모르게 주술적인 분위기를 가진 동자의 얼굴이었다. 그 얼굴 밑에는 한문으로 무슨 주문 같은 글귀들이 적혀 있었다. 그리고 동자의 한쪽 눈에는 바늘 한 개가 깊이 꽂혀 있었다.

삼촌은 하루종일 탈진한 모습으로 벽을 마주하고 앉아서 그 동자의 얼굴만 바라보고 있었다. 그러다가 서쪽 창에 호박꽃 같은 노을이 퍼져들기만 하면 마치 최면술에라도 걸린 사람처럼 슬그머니 일어나서 그 동자 앞으로 천천히 빨려들어갔다. 그리고 무슨 주문인가를 중얼중얼 되풀이했다.

그럴 때의 삼촌은 무슨 주술사 같은 모습이었다. 그리고 대단히 기분 나쁜 분위기였다. 마치 악령이라도 부르고 있는 것 같은 삼촌의 얼굴, 그러나 삼촌은 그 의식 하나 때문에 아직도 살아 있다는 듯한 태도였다. 단 하루도 그 의식을 거르는 날이 없었다.

바늘이 꽂혀 있는 것은 비단 동자의 한쪽 눈만이 아니었다. 실내에 있는 모든 인물화들의 한쪽 눈에는 어김없이 바늘들이 꽂혀 있었다. 그리고 그 바늘들이 차츰 녹슬어 가면서 그 인물들도 차츰 어떤 귀기*가 서려가는 것 같았다.

팔레트에는 먼지가 허옇게 앉아 있었고, 붓은 모두 바싹 말라서 딱딱하게 굳어 있었다. 화실 구석마다 삼촌이 기르던 벌레들이 사육 상자의 보호망을 뜯고 나와 탈출을 끊임없이 시도하다 죽어 버린 듯, 날개가 떨어져나가 있거나 다리가 부러진 채 널려 있었다.

그 벌레들은 겨울에도 살아갈 수 있는 능력을 가진 벌레들이었다. 그러나 만지면 바스러질 정도로 그것들은 말라죽어 있었다. 삼촌이 전혀 관리를 하지 않았기 때문인 것 같았다. 곤충사육 상자 안에도 역시 마찬가지였다.

배를 뒤집고 죽어 있거나 다리를 오그린 채 죽어 있는 곤충들이 허다했다. 어항 속의 수서 곤충들도 마찬가지였다. 수면에 떠서 허옇게 곰팡이 같은 걸 뒤집어쓴 채 죽어 있었다.

"그, 그냥 내, 내버려둬라. 그래도 또 어, 어디선가 고, 곤충들의 애벌레가 나타나게 되어 있다. 하, 하다 못해 파, 파리의 애벌레라도 나타난다…… 곤충들은 안 죽어. 개미귀신은…… 개, 개미를 먹고 커, 커서는 명주잠자리가 된다…… 그러나 주, 죽으면 그 시체를 다, 다시 개미에게 주지……."

삼촌은 웅얼웅얼 그렇게 말했었다. 그리고 삼촌의 말은 사실이었다. 봄이 다 지나갈 무렵부터 또 어디선가 이름을 알 수 없는 벌레들이 더러 화실 구석에 나타나 이리저리 돌아다니는 것을 볼 수가 있었다.

| *귀기(鬼氣) 귀신이 나올 듯한 무서운 기운.

그러나 삼촌은 점점 더 헤어날 수 없는 심연 속으로 빠져들고 있는 것 같았다. 마치 표정이 백치 같아져 있었으며 가끔 이상한 소리들을 일삼곤 했다.

"어, 어젯밤에 아, 아버지의 유령이 다녀갔다. 나, 나보고 미안하다는 거였어. 둘이 끌어안고 우, 울었다……."

처음엔 꿈 얘기겠거니 했었다. 그러나 꿈 얘기냐고 물으면 화를 내면서 사실이라고 주장했다. 아닌게 아니라 화실 분위기는 유령이라도 나올 것만 같은 분위기였다.

그러나 유령 따윈 없는 게 분명하다. 대개 '납량 특별 보너스 북' 어쩌구 해가면서, 무슨 주간지나 학생 잡지 따위에 게재되는 미스터리물 속의 귀신이나 유령이나 또는 사차원적 인물들은 그 면을 담당한 편집자를 그 아버지로 삼고 있다는 설이 있다.

이를테면 이것은 일본 혼고우 구에 있는 하다 씨의 저택에서 아주 최근에 실지로 일어난 일이다로 시작해서 밖에는 비가 내리고 시계가 열두점을 친 다음 나타나는 십 년 전 교통사고로 죽은 하다 씨의 외동딸 따위들은 그 편집자가 수음조차도 하지 않고 만들어낸 상상의 동정녀라는 얘기일 것이다.

"아, 아버지의 유, 유령이 말하더군. 바, 반드시 그 여자의 한쪽 눈이 멀도록 만들어 주겠다고."

라는 식의 삼촌 얘기는 그러니까 전혀 믿을 수가 없다. 그런데도 삼촌의 화실에 들어서기만 하면 느껴지는 음산함. 눈에는 바늘을 한 개씩 찔리운 채 어딘가를 바라보고 있는 그 인물화들의 귀기. 그런 것들을 어떻게 설명해야 좋을까.

한참 동안 바라보고 있으면, 바라보고 있는 사람의 눈에까지 바늘이 박혀 거치적거리는 것 같았고 곧 눈이 멀어 버릴 것 같은 불안감조차 느껴지곤 했었다.

"아버지가 처녀 유령을 데 데리고 왔었지, 이 이쁘더라. 나, 나하고 같이 자고 새, 새벽에 돌아갔다."

고대 설화집에나 나올 법한 얘기를 삼촌은 태연히 늘어놓기도 했다. 이제 삼촌의 외로움과 절망감은 극에 달해 있는 것 같았다. 그러면서도 삼촌은 그 이상 한 동자 앞에서 주문을 외는 일을 게을리하지 않았다. 이제 바늘들은 완전히 새빨갛게 녹이 슬어 있었다.

"어디든 떠 떠나야겠다. 화, 화실을 맡아서 그, 그림을 그리고 있거라. 아, 아무도 저 바늘들을 빼, 빼게 해서는 안 된다."

가을이 되어서야 삼촌은 어느 정도 정신을 되차린 것 같았다. 언제 돌아올지 모른다며 삼촌은 유리표박*의 정처없는 길을 떠났다.

짐승도 죽을 때는 고향 쪽에다 머리를 두고 죽는다. 수구초심*이라고 했던가. 삼촌이 다리를 절며절며 떠돌아다니다가 다시 완벽한 걸인의 모습으로 되돌아온 것은 그로부터 삼 년이 조금 못 되어서였다.

비록 차림새는 그렇다 하더라도 어딘지 모르게 삼촌은 많이 좋아져 있는 듯한 느낌이었다.

우선 건강해 보였으며 옛날 여자 따윈 까맣게 잊어버린 듯한 태도였다. 그림들의 인물 한쪽 눈마다 박혀 있는 녹슨 바늘들을 자기 손으로 직접 뽑아내면서 삼촌은 말했다.

"부, 부질없다……."

삼촌은 다시 화실을 자기 분위기에 맞게 정리하고 도구들을 장만한 다음 캔버스 앞에 앉아 그림에 몰두하기 시작했다. 더러는 야외로 나가 곤충들을 채집해 왔고, 옛날처럼 표본도 하고 우화도 시켰다. 그 동안 어디서 무엇을 했느냐고 물으면 그저 이렇게 대답했다.

---

* 유리표박(流離漂泊) 일정한 집과 직업이 없이 이리저리 떠돌아다님. 유랑.
* 수구초심(首丘初心) 여우가 죽을 때 머리를 자기가 살던 굴로 향한다는 뜻으로, 고향을 그리워하는 마음을 일컬음.

"아무데서나 더 불행해져 보려고 노, 노력했지. 부, 불행한 거나 해, 행복한 거나 그게 그거야."

삼촌은 이제 묵묵히 캔버스 앞에 앉아 낮이나 밤이나 물감을 자기 영혼 속에 녹여부으며 마치 어떤 종교인이 죄를 사하듯 진실하고 경건한 모습으로 그림에 몰두했다.

삼촌이 주로 그리는 것은 그 소재가 옛날과 마찬가지로 폐인이나 곤충의 애벌레들이었지만 그 방법만은 좀 달라져 있었다. 옛날에는 폐인은 폐인대로 벌레는 벌레대로 각각 다른 화면에다 그려 넣었었지만 이번에는 그것을 같은 화면에다 처리해 보려고 노력했다.

"대작을 하나 만든다……."

삼촌은 수시로 호언장담하곤 했다. 그러나 그게 뜻대로만은 잘 되어 주지 않는 모양으로, 같은 구상을 몇 번이나 다시 지우고 다시 그리고 다시 지우고 다시 그리기를 반복했다. 더러는 술에 곤죽이 되어 화실 바닥에 나뒹굴어 있기도 했고, 또 더러는 옛날 그림을 싸구려로 마구 팔아 어디론가 여행을 떠났다가 다시 거지꼴이 되어 돌아오기도 했다.

"내 맘에 드는 그, 그림은 평생에 단 하, 한 점으로 족하다……."

무엇을 바쳐서라도 그 한 점을 위해 최선을 다하겠다는 얘기였다.

그런데 어느 날 친척 한 사람이 삼촌을 찾아왔다. 마땅한 자리가 하나 있으니 장가를 가 보지 않겠느냐는 거였다.

"어, 어떤 여잔데요?"

"곱상하게 생긴 여자다."

친척은 우선 시각적인 측면에서부터 그 여자를 설명하기 시작했다.

"곱상하게 새, 생긴 여자가 왜 나, 나한테 시집을 오나요?"

"팔자가 세다."

약혼을 세 번 했는데 세 번 다 남자가 약혼한 지 한 달도 못 되어 죽어 버렸다는 것이다. 그래서 항상 그 여자는 자기가 남자 셋을 죽였다는 죄책감에 사로잡혀 있었고, 어느 날 용하다는 점쟁이에게 물어 보니, 불구자한테 시집을 가면 그 남자들의 영혼을 달랠 수 있고, 부귀영화를 누릴 수 있다고 해서, 그런 신랑감을 물색 중이라는 거였다. 삼촌이 부귀영화를 누릴 수 있는 절호의 찬스인 셈이었다.

"중학교밖엔 안 나왔지만 얼굴은 곱상하다."

친척은 '얼굴은 곱상'에 대해 특히 매력을 느끼고 있는 모양이었다. 그러나 삼촌은 한마디로 거절했다. 무조건 싫다는 거였다.

"그래도 네 생각을 해서 여기까지 찾아왔는데, 다시 한 번 잘 생각해 봐라."

친척은 몹시 실망했다는 듯한 표정으로 화실을 나갔다. 나가고 나자 삼촌이 거절 이유라고 할 수 있는 그 여자의 단점을 혼자 중얼거렸다.

"주, 중학교밖에 아, 안 나온 여자가 내 평생 단 한 점의 자, 작품을 아껴줄 수 있을까."

삼촌은 지금까지 줄곧 그 평생의 단 한 점이 될 작품 그것과 대치되어 전에 없이 치열한 전투를 벌여 오고 있었다. 자주 굶고 자주 밤을 새웠다. 자신의 건강 따윈 일체 돌보지 않고 있었다. 그 대신 그림과 곤충에 대한 정성만은 그 누구도 따를 수가 없었다.

"되, 될 것 같은데 자, 잘 안 되는구나."

"구상을 한번 바꿔 보시지 그래요?"

"더 이상 조, 좋은 구상은 없다."

삼촌은 다시 처음부터 시작해 보겠다는 듯 캔버스 하나를 왕창 때려부쉬 버렸다. 그리고 스케치북에다 페인들이며 곤충들의 애벌레를 정밀하게 연필로 묘사해 보기 시작했다.

한 달 동안 미친 듯이 삼촌은 그 짓만 했다. 그 다음 작은 캔버스에다 그것들을 일일이 옮겨 보기 시작했다. 이른바 습작 과정을 거쳐 보겠다는 속셈 같았다.

"사, 사람과 버, 벌레 사이를 연결시켜 놓기가 이, 이렇게도 힘들 줄은 몰랐다⋯⋯."

가끔 삼촌은 붓을 쉬며 깊은 생각에 잠기곤 했다. 그리고 또 가끔 곤충 사육 상자 앞으로 걸어가며 마치 사람에게 이야기하듯 자기가 앞으로 그리고자 하는 그림에 대해 아주 자세한 설명을 들려주기도 했다.

그러던 어느 날 갑자기 삼촌이 무엇인가를 깨달았다는 듯 큰 소리로 이렇게 소리질렀다.

"아, 바로 그거였다!"

삼촌은 다시 백 호짜리 캔버스 하나를 새로 준비했고, 그날로 그 캔버스 앞에 주저앉아 낮과 밤을 가리지 않고 서서히 영혼을 헐어내기 시작했다.

삼촌이 그림을 그릴 때의 화실 분위기는 한마디로 정지상태 그것이었다. 삼촌은 마치 무성영화의 한 장면처럼 완전한 침묵 속에 들어앉아 있었다.

무엇이든 삼촌의 붓끝에 닿기만 하면 소리 없이 녹아서 기체로 화해 버릴 것 같은 느낌이었다.

삼촌은 확고부동한 무엇인가를 잡아놓고 있는 것 같았다. 이제 더 이상 무엇을 바꾸거나 지워 버리지 않을 것 같았다.

벌써 몇 달간의 시간이 무더기로 죽어 나가고 있었다. 삼촌은 아침마다 코피를 흘리기 시작했다.

"될 모양이다!"

삼촌은 코피를 흘릴 때마다 오히려 행복한 표정이었다.

독감일기

나는 삼촌이 본격적으로 작품을 시작하고 나서부터 전혀 붓을 잡지 못하고 있다. 삼촌만큼 진지해질 수가 없다. 오늘부터 삼촌은 완성될 때까지 단식으로 들어가겠다고 했다.

창자가 비어 있으면 의식이 맑아진다는 것은 정말일까. 밖에는 장맛
비가 내리고 있다.

새벽 세 시다. 삼촌의 뒷모습이 보인다. 아직도 손이 움직이고 있다.
저러다 쓰러지고 말 것이다.

빗소리가 그쳐 있다. 눈을 감고 누워 있으면 삼촌의 붓이 캔버스에서
움직이고 있는 소리가 들린다. 이따금 붓을 빠는 소리도 들린다. 오늘
도 삼촌은 아무것도 먹지 않았다. 삼촌의 뒷모습이 보인다. 아직도 손
이 움직이고 있다. 저러다 쓰러지고 말 것이다.

좀처럼 감기가 낫지 않는다. 관절이 녹아들고 있다. 목구멍이 아프고
코가 막혀 숨을 쉬기가 곤란하다. 삼촌과 함께 굶어 보려 했지만 배가
고파 견딜 수가 없었다.

휘청거리며 밖으로 나가 갈비탕을 한 그릇 사먹었다. 새벽에 깨어 보
니 삼촌의 뒷모습이 보인다. 코피를 닦고 있다. 비가 세차게 내리고 있
다. 닷새째다. 아직도 삼촌은 물밖엔 먹지 않았다. 저러다 언젠가는 쓰
러지고야 말 것이다.

입 안에서 고구마 찌는 냄새가 난다. 열이 심하다. 몇 번의 혼수상태,
감기가 아닌지도 모르겠다. 삼촌의 뒷모습. 아직도 움직이고 있다.

집에 가서 앓고 싶다. 오늘이 며칠인지, 지금이 낮인지 밤인지 모르
겠다. 삼촌의 뒷모습. 움직이고 있다. 다시 혼수 상태……

무엇인가 어수선하게 움직이고 있다. 잠결이다. 눈을 뜰 수가 없다.
다시 혼수 상태……

늦잠에서 깨었다. 조금은 몸이 가벼워진 것도 같다. 현기증, 고요하
다. 삼촌의 뒷모습.

없다!

어떻게 된 것일까. 화실은 텅 비어 있었다. 벽에 있던 그것들도 곤충

사육 상자들도 그리고 물감, 붓, 팔레트, 기름통, 기타 잡다하던 정물들도 간 곳이 없었다. 화실은 거짓말같이 깨끗하게 청소되어 있었다.

나는 마치 다른 곳에 와 있는 듯한 기분이었다. 그러나 분명히 다른 곳은 아니었다. 실내 한복판에 놓여 있는 이젤과 그 이젤에 놓여 있는 삼촌의 그림 한 폭이 그것을 증명해 주고 있었다.

끝냈구나!

나는 홀린 듯이 캔버스 앞으로 다가섰다. 그리고 그 옛날 어느 여자가 삼촌의 그림 하나를 보고 그러했듯 현기증으로 앞이마를 짚으며 탄성을 발했다.

아!

그 탄성 이상으로 그 그림을 표현하기란 불가능했다. 그것은 도저히 사람의 손으로 그려놓은 그림이 아니었다. 그것은 실물보다도 더 사실적이었으며 현실보다도 더 감동적이었다. 그 어떤 충격적인 인간의 종말도 그 그림의 감동을 따라갈 수는 없을 것 같았다.

고뇌와 비원에 일그러진 표정으로 한 사내가 죽어 있었다. 하늘을 향해 허옇게 눈을 뜬 채로 아무렇게나 내던져진 채 죽어 있었다. 그 모습은 생생했다.

미간의 주름살, 옷소매의 실밥, 무엇이든지 실물보다 더 생생했다. 어떻게 처리했는가 만져서 확인해 보고 싶을 정도였다.

시체는 썩어 가고 있었다. 그리고 그 썩어 가는 시체 위에 수없이 많은 벌레들이 달라붙어 살점들을 여기저기서 헐어놓고 있었다. 가슴이 헐리고 장딴지가 헐리고 한쪽 볼이 헐리고 헐린 살점 속을 파고들어 굼실굼실 움직이고 있는 벌레들…… 긁어내면 한 무더기씩 화실 바닥에 떨어져서 굼실굼실 기어다닐 것 같았다.

시체 위에는 하늘. 화창한 햇빛을 받고 눈부신 구름같이 흘러가고 있었다. 그것은 시체와 대조적인, 그러면서도 시체를 더욱 시체답게 만들어 주는 듯한 느낌이었다. 문득 구름 속으로 명주잠자리 한 마리가 날아가 숨는 것이 보였다. 그러나 그것은 환시였다.

삼촌의 시체가 발견되어진 것은 그로부터 사흘 후였고, 생각보다 평온하고 깨끗한 얼굴이었으며, 삼촌의 시체 옆에는 주사기 한 대와 약병 하나가 놓여 있었다.

염화제이수은이었다. 장소는 꽃밭, 마타리꽃 멧미나리 키자라 퍼져 있는 산비탈. 나비들도 몇 마리 날고 있었다. 무엇인가를 태운 듯 잿더미도 한 무더기 보였다.

삼촌의 유서대로 나는 그 여자의 집을 찾았다.

화실을 나가 몇 년 방황하면서 삼촌은 기어코 그 여자의 거처를 알아내었던 모양이었다. 하기야 이 좁은 대한민국 안에서 굳이 찾으려고 들자면 못 찾을 것도 없을 것이다.

그 복잡한 서울 명동에서도 똑같은 사람을 각기 다른 장소에서 하루에 다섯 번씩이나 우연히 만났었다는 사람도 있고, 아침에 동경 어느 음식점에서 보았던 사람을 저녁때 무교동 어느 낙지집에서 만났었다는 사람도 있으니까.

그러나 이제 와서 삼촌은 또 그 여자에게 무슨 용무가 더 남아 있다는 것일까. 그냥 찾아가 보면 된다니 도무지 짐작조차 안 되는 일이었다.

유서에 적힌 대로 그 여자의 집을 찾기는 그리 어렵지가 않았다. 집은 예상보다 그리 크지는 않았다. 초인종을 누르자 의외로 그 여자가 직접 나와 주었다.

첫눈에 알아볼 수가 있었다. 그러나 이제 옛날에 그 나른하고 염세적인 모습은 간 곳이 없었고, 다만 얼굴 윤곽만 그대로였다. 좀 뚱뚱하고 천박해진 모습이었다.

임신을 했는지 아랫배가 불룩 솟아나 있었다.

마타리꽃

"삼촌이 죽었군요……."

나를 보자 그 여자는 대뜸 그렇게 말했다. 미리 어떤 얘기가 있었던 것일까.

"알았어요. 약속대로 그림을 보러 가죠. 그 화실에 있겠죠. 굉장한 그림이겠군요. 언젠가 만났을 때 벌써 삼촌은 끝을 보고 있는 것 같았으니까……."

나는 잠시 망연히 그대로 서 있었다.

"알았어요. 가세요……."

그 여자는 돌아서려 하고 있었다. 그 때였다.

"엄마."

세 살쯤이나 되었을까. 그 여자의 딸인 듯 싶은 계집아이 하나가 팔짝팔짝 대문 밖으로 뛰어나와 그 여자의 손목에 매달렸다. 그리고 나는 그 계집아이의 얼굴을 확인한 순간 그만 둔기로 심하게 뒤통수를 얻어맞은 듯 아연해지고 말았다.

눈.

그 계집아이의 한쪽 눈이 약간 찌그러져 있었다. 그리고 하얗게 백태까지 끼어 있었다.

"사, 삼촌도 얠 본 적이 이, 있습니까?"

"아뇨, 그런데 언제부터 말을 더듬으세요. 전엔 안 더듬으신 것 같은데."

그러나 나는 대답하지 못했다. 혼란해진 상태로 서 있는 내게 그 여자가 다시 말했다.

"이제 가세요. 그만……."

김승옥

무진 기행

서울, 1964년 겨울
역사

무진 기행

무진으로 가는 버스

버스가 산모퉁이를 돌아갈 때 나는 '무진 Mujin 10km' 라는 이정비를 보았다. 그것은 옛날과 똑같은 모습으로 길가의 잡초 속에서 튀어나와 있었다. 내 뒷좌석에 앉아 있는 사람들 사이에서 다시 시작된 대화를 나는 들었다.

"앞으로 십 킬로 남았군요."

"예, 한 삼십 분 후엔 도착할 겁니다."

그들은 농사 관계의 시찰원들인 듯했다. 아니 그렇지 않은지도 모른다. 그러나 하여튼 그들은 색무늬 있는 반소매 셔츠를 입고 있었고 데드롱직의 바지를 입었고 지나쳐 오는 마을과 들과 산에서 아마 농사 관계의 전문가들이 아니면 할 수 없는 관찰을 했고 그것을 전문적인 용어로 얘기하고 있었다. 광주에서 기차를 내려서 버스로 갈아 탄 이래, 나는 그들이 시골사람들답지 않게 낮은 목소리로 점잔을 빼면서 얘기하

는 것을 반수면 상태 속에서 듣고 있었다. 버스 안의 좌석들은 많이 비어 있었다. 그 시찰원들의 말에 의하면 농번기이기 때문에 사람들이 여행을 할 틈이 없어서라는 것이었다.

"무진엔 명산물이……, 뭐 별로 없지요?"

그들은 대화를 계속하고 있었다.

"별 게 없지요. 그러면서도 그렇게 많은 사람들이 살고 있다는 건 좀 이상스럽거든요."

"바다가 가까이 있으니 항구로 발전할 수도 있었을 텐데요?"

"가 보시면 아시겠지만 그럴 조건이 되어 있는 것도 아닙니다. 수심이 얕은 데다가 그런 얕은 바다를 몇백 리나 밖으로 나가야만 비로소 수평선이 보이는 진짜 바다다운 바다가 나오는 곳이니까요."

"그럼 역시 농촌이군요."

"그렇지만 이렇다 할 평야가 있는 것도 아닙니다."

"그럼 그 오륙 만이 되는 인구가 어떻게들 살아가나요!"

"그러니까 그럭저럭이란 말이 있는 게 아닙니까?"

그들은 점잖게 소리내어 웃었다.

"원, 아무리 그렇지만 한 고장에 명산물 하나쯤은 있어야지."

웃음 끝에 한 사람이 말하고 있었다.

무진에 명산물이 없는 게 아니다. 나는 그것이 무엇인지 알고 있다. 그것은 안개다. 아침에 잠자리에서 일어나서 밖으로 나오면, 밤 사이에 진주해 온 적군들처럼 안개가 무진을 뺑 둘러싸고 있는 것이었다. 무진을 둘러싸고 있는 산들도 안개에 의하여 보이지 않는 먼 곳으로 유배당해 버리고 없었다.

안개는 마치 이승에 한이 있어서 매일 밤 찾아오는 여귀가 뿜어 내놓은 입김과 같았다. 해가 떠오르고 바람이 바다 쪽에서 방향을 바꾸어 불어오기 전에는 사람들의 힘으로써는 그것을 헤쳐 버릴 수가 없었다.

손으로 잡을 수 없으면서도 그것은 뚜렷이 존재했고 사람들을 둘러쌌고 먼 곳에 있는 것으로부터 사람들을 떼어 놓았다. 안개, 무진의 안개, 무진의 아침에 사람들이 만나는 안개, 사람들로 하여금 해를, 바람을 간절히 부르게 하는 무진의 안개, 그것이 무진의 명산물이 아닐 수 있을까!

버스의 덜커덩거림이 좀 덜해졌다. 버스의 덜커덩거림이 더하고 덜하는 것을 나는 턱으로 느끼고 있었다. 나는 몸에서 힘을 빼고 있었으므로 버스가 자갈이 깔린 시골길을 달려오고 있는 동안 내 턱은 버스가 껑충거리는 데 따라서 함께 덜그럭거리고 있었다.

턱이 덜그럭거릴 정도로 몸에서 힘을 빼고 버스를 타고 있으면 긴장해서 버스를 타고 있을 때보다 피로가 더욱 심해진다는 것을 알고 있었지만 그러나 열려진 차창으로 들어와서 나의 밖으로 드러난 살갗을 사정없이 간지럽히고 불어가는 유월의 바람이 나를 반수면 상태로 끌어넣었기 때문에 나는 힘을 주고 있을 수가 없었다.

바람은 무수히 작은 입자로 되어 있고 그 입자들은 할 수 있는 한, 욕심껏 수면제를 품고 있는 것처럼 내게는 생각되었다. 그 바람 속에는 신선한 햇살과 아직 사람들의 땀에 밴 살갗을 스쳐 보지 않았다는 천진스러운 저온, 그리고 지금 버스가 달리고 있는 길을 에워싸며 버스를 향하여 달려오고 있는 산줄기의 저편에 바다가 있다는 것을 알리는 소금기, 그런 것들이 이상스레 한데 어울리면서 녹아 있었다.

햇빛의 신선한 밝음과 살갗에 탄력을 주는 정도의 공기의 저온, 그리고 해풍에 섞여 있는 정도의 소금기, 이 세 가지만 합성해서 수면제를 만들어 낼 수 있다면 그것은 이 지상에 있는 모든 약방의 진열장 안에 있는 어떠한 약보다도 가장 상쾌한 약이 될 것이고 그리고 나는 이 세계에서 가장 돈 잘 버는 제약 회사의 전무님이 될 것이다. 왜냐하면 사람들은 누구나 조용히 잠들고 싶어하고 조용히 잠든다는 것은 상쾌한 일이기 때문이다.

그런 생각을 하자 나는 쓴웃음이 나왔다. 동시에 무진이 가까웠다는 것이 더욱 실감되었다. 무진에 오기만 하면 내가 하는 생각이란 항상 그렇게 엉뚱한 공상들이었고 뒤죽박죽이었던 것이다. 다른 어느 곳에서도 하지 않았던 엉뚱한 생각을 나는 무진에서는 아무런 부끄럼 없이, 거침없이 해내곤 했었던 것이다. 아니 무진에서는 내가 무엇을 생각하고 어쩌고 하는 게 아니라 어떤 생각들이 나의 밖에서 제멋대로 이루어진 뒤 나의 머릿속으로 밀고 들어오는 듯했었다.

"당신 안색이 아주 나빠져서 큰일났어요. 어머님의 산소에 다녀온다는 핑계를 대고 무진에 며칠 동안 계시다가 오세요. 주주 총회에서의 일은 아버지하고 저하고 다 꾸며 놓을게요. 당신은 오랜만에 신선한 공기를 쐬고 그리고 돌아와 보면 대회생 제약 회사의 전무님이 되어 있을 게 아니에요?"
라고 며칠 전날 밤, 아내가 나의 파자마깃을 손가락으로 만지작거리며 나에게 진심에서 나온 권유를 했을 때, 가기 싫은 심부름을 억지로 갈 때 아이들이 불평을 하듯이 내가 몇 마디 입안엣소리로 투덜댄 것도, 무진에서는 항상 자신을 상실하지 않을 수 없었던 과거의 경험에 의한 조건 반사였다.

내가 나이가 좀 든 뒤로 무진에 간 것은 몇 차례 되지 않지만 그 몇 차례 되지 않은 무진행이 그러나 그 때마다 내게는 서울에서의 실패로부터 도망해야 할 때거나 하여튼 무언가 새출발이 필요할 때였었다. 새출발이 필요할 때 무진으로 간다는 그것은 우연이 결코 아니었고 그렇다고 무진에 가면 내게 새로운 용기라든가 새로운 계획이 술술 나오기 때문도 아니었었다. 오히려 무진에서의 나는 항상 처박혀 있는 상태였었다. 더러운 옷차림과 누우런 얼굴로 나는 항상 골방 안에서 뒹굴었다.

내가 깨어 있을 때는, 수없이 많은 시간의 대열이 멍하니 서 있는 나를 비웃으며 흘러가고 있었고, 내가 잠들어 있을 때는 긴긴 악몽들이 거꾸러져 있는 나에게 혹독한 채찍질을 하였었다. 나의 무진에 대한 연상의 대부분은 나를 돌봐 주고 있는 노인들에 대하여 신경질을 부리던 것과 골방 안에서의 공상과 불면을 쫓아보려고 행하던 수음과 곧잘 편도선을 붓게 하던 독한 담배꽁초와 우편배달부를 기다리던 초조함 따위거나 그것들에 관련된 어떤 행위들이었었다.

물론 그것들만 연상되었던 것은 아니다. 서울의 어느 거리에서고 나의 청각이 문득 외부로 향하면 무자비하게 쏟아져 들어오는 소음에 비틀거릴 때거나, 밤늦게 신당동 집 앞의 포장된 골목을 자동차로 올라갈 때, 나는 물이 가득한 강물이 흐르고 잔디로 덮인 방죽이 시오리 밖의 바닷가까지 뻗어 나가 있고 작은 숲이 있고 다리가 많고 골목이 많고 흙담이 많고 높은 포플러가 에워싼 운동장을 가진 학교들이 있고 바닷가에서 주워 온 까만 자갈이 깔린 뜰을 가진 사무소들이 있고 대로 만든 와상*이 밤거리에 나앉아 있는 시골을 생각했고 그것은 무진이었다. 문득 한적이 그리울 때도 나는 무진을 생각했었다. 그러나 그럴 때의 무진은 내가 관념 속에서 그리고 있는 어느 아늑한 장소일 뿐이지 거기엔 사람들이 살고 있지 않았다. 무진이라고 하면 그것에의 연상은 아무래도 어둡던 나의 청년이었다. 그렇다고 무진에의 연상이 꼬리처럼 항상 나를 따라다녔다는 것은 아니다. 차라리, 나의 어둡던 세월이 일단 지나가 버린 지금은 나는 거의 항상 무진을 잊고 있었던 편이다.

어제 저녁 서울역에서 기차를 탈 때에도, 물론 전송 나온 아내와 회사 직원 몇 사람에게 일러둘 말이 너무 많아서 거기에 정신이 쏠려 있던 탓도 있었겠지만, 하여튼 나는 무진에 대한 그 어두운 기억들이 그다지 실감나게 되살아오지는 않았다.

---

* 와상(臥床) 침상. 누워서 잘 수 있도록 만든 기구.

그런데 오늘 이른 아침, 광주에서 기차를 내려서 역 구내를 빠져 나올 때 내가 본 한 미친 여자가 그 어두운 기억들을 홱 잡아 끌어당겨서 내 앞에 던져 주었다.

그 미친 여자는 나일론의 치마저고리를 맵시 있게 입고 있었고 팔에는 시절에 맞추어 고른 듯한 핸드백도 걸치고 있었다. 얼굴도 예쁜 편이고 화장이 화려했다.

그 여자가 미친 사람이라는 것을 알 수 있는 것은 쉬임없이 굴리고 있는 눈동자와 그 여자를 에워싸고 선하품을 하며 그 여자를 놀려 대고 있는 구두닦이 아이들 때문이었다.

"공부를 많이 해서 돌아 버렸대."

"아냐, 남자한테 채여서야."

"저 여자 미국말도 참 잘한다. 물어볼까?"

아이들은 그런 얘기를 높은 목소리로 하고 있었다. 좀 나이가 든 여드름쟁이 구두닦이 하나는 그 여자의 젖가슴을 손가락으로 집적거렸고 그럴 때마다 그 여자는 여전히 무표정한 얼굴로 비명만 지르고 있었다. 그 여자의 비명이, 옛날 내가 무진의 골방 속에서 쓴 일기의 한 구절을 문득 생각나게 한 것이다.

그 때는 어머니가 살아 계실 때였다. 6 · 25사변으로 대학의 강의가 중단되었기 때문에 서울을 떠나는 마지막 기차를 놓친 나는 서울에서 무진까지의 천여 리 길을 발가락이 몇 번이고 불어 터지도록 걸어서 내려왔고, 어머니에 의해서 골방에 처박혀졌고 의용군의 징발도 그 후의 국군의 징병도 모두 기피해 버리고 있었다. 내가 졸업한 무진의 중학교의 상급반 학생들이 무명지에 붕대를 감고 '이 몸이 죽어서 나라가 선다면……'을 부르며 읍 광장에 서 있는 트럭들로 행진해 가서 그 트럭들에 올라타고 일선으로 떠날 때도 나는 골방 속에 쭈그리고 앉아서 그들의 행진이 집 앞을 지나가는 소리를 듣고만 있었다.

전선이 북쪽으로 올라가고 대학이 강의를 시작했다는 소식이 들려왔을 때도 나는 무진의 골방 속에 숨어 있었다. 모두가 나의 홀어머님 때문이었다. 모두가 전쟁터로 몰려갈 때 나는 내 어머니에게 몰려서 골방 속에 숨어서 수음을 하고 있었다.

이웃집 젊은이의 전사 통지가 오면 어머니는 내가 무사한 것을 기뻐했고, 이따금 일선의 친구에게서 군사 우편이 오기라도 하면 나 몰래 그것을 찢어 버리곤 하였었다. 내가 골방보다는 전선을 택하고 싶어하는 것을 알고 있었기 때문이다. 그 무렵에 쓴 나의 일기장들은, 그 후에 태워 버려서 지금은 없지만, 모두가 스스로를 모멸하고 오욕을 웃으며 견디는 내용들이었다.

'어머니, 혹시 제가 지금 미친다면 대강 다음과 같은 원인들 때문일 테니 그 점에 유의하셔서 저를 치료해 보십시오…….'

이러한 일기를 쓰던 때를, 이른 아침 역 구내에서 본 미친 여자가 내 앞으로 끌어당겨 주었던 것이다. 무진이 가까웠다는 것을 나는 그 미친 여자를 통하여 느꼈고 그리고 방금 지나친, 먼지를 둘러쓰고 잡초 속에서 튀어나와 있는 이정비를 통하여 실감했다.

"이번에 자네가 전무가 되는 건 틀림없는 거구, 그러나 자네, 한 일 주일 동안 시골에 내려가서 긴장을 풀고 폭 쉬었다가 오게. 전무님이 되면 책임이 더 무거워질 테니 말야."

아내와 장인 영감은 자신들은 알지 못하는 사이에 퍽 영리한 권유를 내게 한 셈이었다. 내가 긴장을 풀어버릴 수 있는, 아니 풀어 버릴 수밖에 없는 곳을 무진으로 정해 준 것은 대단히 영리한 것이었다.

버스는 무진 읍내로 들어서고 있었다. 기와 지붕들도 양철 지붕들도 초가지붕들도 유월 하순의 강렬한 햇볕을 받고 모두 은빛으로 번쩍이고 있었다.

철공소에서 들리는 쇠망치 두드리는 소리가 잠깐 버스로 달려들었다

가 물러났다. 어디선지 분뇨 냄새가 새어 들어왔고 병원 앞을 지날 때
는 크레졸 냄새가 났고, 어느 상점의 스피커에서는 느려빠진 유행가가
흘러나왔다. 거리는 텅 비어 있었고 사람들은 처마 밑의 그늘에 쭈그리
고 앉아 있었다. 어린아이들은 빨가벗고 기우뚱거리며 그늘 속을 걸어
다니고 있었다. 읍의 포장된 광장도 거의 텅 비어 있었다. 햇볕만이 눈
부시게 그 광장 위에서 끓고 있었고 그 눈부신 햇살 속에서, 정적 속에
서 개 두 마리가 혀를 빼물고 교미를 하고 있었다.

밤에 만난 사람들

저녁 식사를 하기 조금 전에 나는 낮잠에서 깨어나서 신문 지국들이
몰려 있는 거리로 갔다. 이모님 댁에서는 신문을 구독하고 있지 않았다.
그렇지만 신문은, 도회인이 누구나 그렇듯이 이제 내 생활의 일부로서 내
하루의 시작과 끝을 맡아 보고 있었던 것이다.

내가 찾아간 신문 지국에 나는 이모님 댁의 주소와 약도를 그려 주고
나왔다. 밖으로 나올 때 나는 내 등 뒤에서 지국 안에 있던 사람들이 그들
끼리 무어라고 수군거리는 소리를 들었다. 아마 나를 알고 있던 사람들이
었던 모양이다.

"······ 그래애? 거만하게 생겼는데······."

"······ 출세했다지?······."

"······ 옛날······, 폐병······."

그런 속삭임 속에서, 나는 밖으로 나오면서 은근히 한 마디를 기다리
고 있었다. 그러나 결국 '안녕히 가십시오.'는 나오지 않고 말았다. 그
것이 서울과의 차이점이었다. 그들은 이제 점점 수군거림의 소용돌이
속으로 끌려 들어가고 있으리라, 자기 자신조차 잊어버리면서. 나중에
그 소용돌이 밖으로 내던져졌을 때 자기들이 느낄 공허감도 모른다는

듯이 그들은 수군거리고 수군거리고 또 수군거리고 있으리라. 바다가 있는 쪽에서 바람이 불어오고 있었다. 몇 시간 전에 버스에서 내릴 때보다 거리는 많이 번잡해졌다.

학생들이 학교에서 돌아오고 있었다. 그들은 책가방이 주체스러운 모양인지 그것을 뱅뱅 돌리기도 하며 어깨너머로 넘겨들기도 하며 두 손으로 껴안기도 하며 혀끝에 침으로써 방울을 만들어서 그것을 입바람으로 훅 불어 날리곤 했다. 학교 선생들과 사무소의 직원들도 달그락거리는 빈 도시락을 들고 축 늘어져서 지나가고 있었다. 그러자 나는 이 모든 것이 장난처럼 생각되었다. 학교에 다닌다는 것, 학생들을 가르친다는 것, 사무소에 출근했다가 퇴근한다는 이 모든 것이 실없는 장난이라는 생각이 든 것이다. 사람들이 거기에 매달려서 낑낑댄다는 것이 우습게 생각되었다.

이모 댁으로 돌아와서 저녁을 먹고 있을 때, 나는 방문을 받았다. 박이라고 하는 무진 중학교의 내 몇 해 후배였다. 한때 독서광이었던 나를 그 후배는 무척 존경하는 눈치였다. 그는 학생 시대에 이른바 문학소년이었던 것이다. 미국의 작가인 피츠제럴드*를 좋아한다고 하는 그 후배는 그러나 피츠제럴드의 팬답지 않게 아주 얌전하고 매사에 엄숙하였고 그리고 가난하였다.

"신문 지국에 있는 제 친구에게서 내려오셨다는 얘길 들었습니다. 웬일이십니까?"

그는 정말 반가워해 주었다.

"무진엔 왜 내가 못 올 덴가?"

---

* **피츠제럴드**(Francis Scott Fitzgeraid)　미국의 소설가(1896~1940). 소위 '재즈 시대'의 기수로서 1920년대의 세태를 그렸음. 대표작으로 〈위대란 개츠비〉가 있음.

피츠제럴드

그렇게 대답하며 나는 내 말투가 마음에 거슬렸다.

"너무 오랫동안 오시지 않았으니까 그러는 거죠. 제가 군대에서 막 제대했을 때 오시고 이번이 처음이시니까 벌써……."

"벌써 한 사 년 되는군."

사 년 전 나는, 내가 경리의 일을 보고 있던 제약 회사가 좀더 큰 다른 회사와 합병되는 바람에 일자리를 잃고 무진으로 내려왔던 것이다. 아니 단지 일자리를 잃었다는 이유만으로 서울을 떠났던 것은 아니다. 동거하고 있던 희만 그대로 내 곁에 있어 주었던들 실의의 무진행은 없었으리라.

"결혼하셨다더군요?"

박이 물었다.

"흐응, 자넨?"

"전 아직. 참, 좋은 데로 장가드셨다고들 하더군요."

"그래? 자넨 왜 여태 결혼하지 않고 있나? 자네 금년에 어떻게 되지?"

"스물아홉입니다."

"스물아홉이라. 아홉 수가 원래 사납다고 하데만. 금년에 어떻게 해보지 그래?"

"글쎄요."

박은 소년처럼 머리를 긁었다. 사 년 전이니까 그 해의 내 나이가 스물아홉이었고 희가 내 곁에서 달아나버릴 무렵에 지금 아내의 전 남편이 죽었던 것이다.

"무슨 나쁜 일이 있었던 건 아니겠죠?"

옛날의 내 무진행의 내용을 다소 알고 있는 박은 그렇게 물었다.

"응, 아마 승진이 될 모양인데 며칠 휴가를 얻었지."

"잘 되셨군요. 해방 후의 무진 중학 출신 중에선 형님이 제일 출세하셨다고들 하고 있어요."

"내가?"

나는 웃었다.

"예, 형님하고 형님 동기 중에서 조형하고요."

"조라니, 나하고 친하게 지내던 애 말인가?"

"예, 그 형이 재작년엔가 고등고시에 패스해서 지금 여기 세무서장으로 있거든요."

"아, 그래?"

"모르셨어요?"

"서로 소식이 별로 없었지. 그 애가 옛날엔 여기 세무서에서 직원으로 있었지, 아마?"

"예."

"그거 잘 됐군. 오늘 저녁엔 그 친구에게나 가 볼까?"

친구 조는 키가 작았고 살결이 검은 편이었다. 그래서 키가 크고 살결이 창백한 나에게 열등감을 느낀다는 얘기를 내게 곧잘 했었다.

'옛날에 손금이 나쁘다고 판단 받은 소년이 있었다. 그 소년은 자기의 손톱으로 손바닥에 좋은 손금을 파가며 열심히 일했다. 드디어 그 소년은 성공해서 잘 살았다.'

조는 이런 얘기에 가장 감격하는 친구였다.

"참 자넨 요즘 뭘 하고 있나?"

내가 박에게 물었다. 박은 얼굴을 붉히고 잠시 동안 머뭇거리다가 모교에서 교편을 잡고 있다고, 그것이 무슨 잘못이라도 되는 것처럼 우물거리며 대답했다.

"좋지 않아? 책 읽을 여유가 있으니까 얼마나 좋은가. 난 잡지 한 권 읽을 여유가 없네. 무얼 가르치고 있나?"

후배는 내 말에 용기를 얻었는지 아까보다는 조금 밝은 목소리로 대답했다.

"국어를 가르치고 있습니다."

"잘했어. 학교 측에서 보면 자네 같은 선생을 구하기도 힘들 거야."

"그렇지도 않아요. 사범 대학 출신들 때문에 교원 자격 고시 합격증 가지고 견디기가 힘들어요."

"그게 또 그런가?"

박은 아무 말 없이 쓸쓸한 미소만 지어 보였다.

저녁 식사 후, 술 한 잔씩을 마시고 나서 세무서장이 된 조의 집을 향하여 갔다. 거리는 어두컴컴했다. 다리를 건널 때 나는 냇가의 나무들이 어슴푸레하게 물 속에 비쳐 있는 것을 보았다.

옛날 언젠가 역시 이 다리를 밤중에 건너면서 나는 저 시커멓게 웅크리고 있는 나무들을 저주했었다. 금방 소리를 지르며 달려들 듯한 모습으로 나무들은 서 있었던 것이다. 세상에 나무가 없다면 얼마나 좋을까

하고 생각하기도 했었다.

"모든 게 여전하군."

내가 말했다.

"그럴까요?"

후배가 웅얼거리듯이 말했다.

조의 응접실에는 손님이 네 사람 있었다. 나의 손을 아프도록 쥐고 흔들고 있는 조의 얼굴이 옛날보다 윤택해지고 살결도 많이 하얘진 것을 나는 보고 있었다.

"어서 자리로 앉아라. 이거 원 누추해서……. 빨리 마누랄 얻어야겠는데……."

그러나 방은 결코 누추하지 않았다.

"아니 아직 결혼 안 했나?"

내가 물었다.

"법률책 좀 붙들고 앉아 있었더니 그렇게 돼 버렸어. 어서 앉아."

나는 먼저 온 손님들에게 소개되었다. 세 사람은 남자로서 세무서 직원들이었고 한 사람은 여자로서 나와 함께 온 박과 무언가 얘기를 주고받고 있었다.

"어어, 밀담들은 그만하시고, 하 선생, 인사해요. 내 중학 동창인 윤희중이라는 친굽니다. 서울에 있는 큰 제약 회사의 간사님이시고 이쪽은 우리 모교에 와 계시는 음악 선생님이시고. 하인숙 씨라고, 작년에 서울에서 음악 대학을 나오신 분이지."

"아, 그러세요. 같은 학교에 계시는군요."

나는 박과 그 여선생을 번갈아 가리키며 여선생에게 말했다.

"네."

여선생은 방긋 웃으며 대답했고 내 후배는 고개를 숙여버렸다.

"고향이 무진이신가요?"

"아녜요. 발령이 이곳으로 났기 땜에 저 혼자 와 있는 거예요."

그 여자는 개성있는 얼굴을 가지고 있었다. 윤곽은 갸름했고 눈이 컸고 얼굴색은 노리끼리했다. 전체로 보아서 병약한 느낌을 주고 있었지만 그러나 좀 높은 콧날과 두꺼운 입술이 병약하다는 인상을 버리도록 요구하고 있었다. 그리고 카랑카랑한 목소리가 코와 입이 주는 인상을 더욱 강하게 하고 있었다.

"전공이 무엇이었던가요?"

"성악 공부 좀 했어요."

"그렇지만 하 선생님은 피아노도 아주 잘 치십니다."

박이 곁에서 조심스런 목소리로 끼어들었다. 조도 거들었다.

"노래를 아주 잘하시지. 소프라노가 굉장하시거든."

"아, 소프라노를 맡으시는가요?"

내가 물었다.

"네, 졸업 연주회 땐 〈나비 부인〉* 중에서 '어떤 갠 날'을 불렀어요."

그 여자는 졸업 연주회를 그리워하고 있는 듯한 음성으로 말했다.

방바닥에는 비단 방석이 놓여 있고 그 위에는 화투짝이 흩어져 있었다. 무진이다. 곧 입술을 태울 듯이 타들어가는 담배꽁초를 입에 물고 눈으로 들어오는 그 담배 연기 때문에 눈물을 찔끔거리며 눈을 가늘게 뜨고, 이미 정오가 가까운 시각에야 잠자리에서 일어나서 그 날의 허황한 운수를 점쳐 보던 화투짝이었다. 또는, 자신을 팽개치듯이 끼어들던 언젠가의 노름판, 그 노름판에서 나의 뜨거워져 가는 머리와 떨리는 손가락만을 제외하곤 내 몸을 전연 느끼지 못하게 만들던 그 화투짝이었다.

* 〈나비 부인〉 이탈리아의 오페라 작곡가인 푸치니(1858~1924)의 작품. 모차르트, 슈트라우스, 베르디, 바그너와 함께 오늘날 연주되고 있는 가극의 근본을 이룬 음악가 중의 한 사람이다.

푸치니

"화투가 있군, 화투가."

나는 한 장을 집어서 딱 소리가 나게 내려치고 다시 그것을 집어서 내려치고 또 집어서 내려치고 하며 중얼거렸다.

"우리 돈내기 한 판 하실까요?"

세무서 직원 중의 하나가 내게 말했다. 나는 싫었다.

"다음 기회에 하지요."

세무서 직원들은 싱글싱글 웃었다. 조가 안으로 들어갔다가 나왔다. 잠시 후에 술상이 나왔다.

"여기엔 얼마쯤 있게 되나?"

"일 주일가량."

"청첩장 한 장 없이 결혼해 버리는 법이 어디 있어? 하기야 청첩장을 보냈더라도 그 땐 내가 세무서에서 주판알 튕기고 있을 때니까 별수도 없었겠지만 말이다."

"난 그랬지만 넌 청첩장 보내야 한다."

"염려 마라. 금년 안으로는 받아 볼 수 있게 될 거다."

우리는 별로 거품이 일지 않는 맥주를 마셨다.

"제약 회사라면 그게 약 만드는 데 아닙니까?"

"그렇죠."

"평생 병 걸릴 염려는 없겠습니다그려."

굉장히 우스운 익살을 부렸다는 듯이 직원들은 방바닥을 치며 오랫동안 웃었다.

"참, 박 군, 학생들한테서 인기가 대단하더구먼. 기껏 오 분쯤 걸어오면 될 거리에 살면서 나한테 왜 통 놀러 오지 않나?"

"늘 생각은 하고 있었습니다만……."

"저기 앉아 계시는 하 선생님한테서 자네 얘긴 늘 듣고 있었지. 자, 하 선생 맥주는 술도 아니니까 한 잔 들어 봐요. 평소엔 그렇지도 않던데 오늘 저녁엔 왜 이렇게 얌전을 피우실까?"

"네 네, 거기 놓으세요. 제가 마시겠어요."

"맥주는 좀 마셔봤지요?"

"대학 다닐 때 친구들과 어울려서 방문을 안으로 잠가놓고 소주도 마셔 본 걸요."

"이거 술꾼인 줄은 몰랐는데."

"마시고 싶어서 마신 게 아니라 시험 삼아서 맛 좀 본 거예요."

"그래서 맛이 어떻습디까?"

"모르겠어요. 술잔을 입에서 떼자마자 쿨쿨 자버렸으니까요."

사람들이 웃었다. 박만이 억지로 웃는 듯한 웃음이었다.

"내가 항상 생각하는 바지만, 하 선생님의 좋은 점은 바로 저기에 있거든. 될 수 있으면 얘기를 재미있게 하려고 한다는 점, 바로 그거야."

"일부러 재미있게 하려고 하는 게 아녜요. 대학 다닐 때의 말버릇이에요."

"아하, 그러고 보면 하 선생의 나쁜 점은 바로 저기 있어. '내가 대학 다닐 때' 라는 말을 빼놓곤 얘기가 안됩니까? 나처럼 대학엔 문전에도 가 보지 못한 사람은 서러워서 살겠어요?"

"죄송합니다."

"그럼 내게 사과하는 뜻에서 노래 한 곡 들려 주시겠어요?"

"그거 좋습니다."

"좋지요."

"한번 들어봅시다."

사람들이 박수를 쳤다. 여선생은 머뭇거렸다.

"서울 손님도 오고 했으니까……. 그 지난번에 부르던 거 참 좋습디다."

조는 재촉했다.

"그럼 부릅니다."

여선생은 거의 무표정한 얼굴로 입을 조금만 달싹거리며 노래를 부르기 시작했다. 세무서 직원들이 손가락으로 술상을 두드리기 시작했다. 여선생은 '목포의 눈물'을 부르고 있었다. '어떤 갠 날'과 '목포의 눈물' 사이에는 얼마큼의 유사성이 있을까? 무엇이 저 아리아들로써 길들여진 성대에서 유행가를 나오게 하고 있을까? 그 여자가 부르는 '목포의 눈물'에는 작부들이 부르는 그것에서 들을 수 있는 것과 같은 꺾임이 없었고 대체로 유행가를 살려 주는 목소리의 갈라짐이 없었고, 흔히 유행가가 내용으로 하는 청승맞음이 없었다.

그 여자의 '목포의 눈물'은 이미 유행가가 아니었다. 그렇다고 '나비 부인' 중의 아리아는 더욱 아니었다. 그것은 이전에는 없었던 어떤 새로운 양식의 노래였다.

그 양식은 유행가가 내용으로 하는 청승맞음과는 다른, 좀더 무자비한 청승맞음을 포함하고 있었고 '어떤 갠 날'의 그 절규보다도 훨씬 높은 옥타브의 절규를 포함하고 있었고, 그 양식에는 머리를 풀어헤친 광녀의 냉소가 스며 있었고 무엇보다도 시체가 썩어가는 듯한 무진의 그 냄새가 스며 있었다.

그 여자의 노래가 끝나자 나는 의식적으로 바보 같은 웃음을 띠고 박수를 쳤고 그리고 육감으로써랄까, 나는 후배인 박이 이 자리에서 떠나고 싶어하는 것을 알았다. 나의 시선이 박에게로 갔을 때, 나의 시선을 박은 기다렸다는 듯이 자리에서 일어났다. 누군지가 그에게 앉아 있기를 권했으나 박은 해사한 웃음을 띠며 거절했다.

"먼저 실례합니다. 형님은 내일 또 뵙지요."

조는 대문까지 따라 나왔고 나는 한길까지 박을 바래다 주려고 나갔다. 밤이 깊지 않았는데도 거리는 적막했다. 어디선지 개 짖는 소리가 들려왔고 쥐 몇 마리가 한길 위에서 무엇을 먹고 있다가 우리의 그림자에 놀라 흩어져 버렸다.

"형님, 보세요. 안개가 내리는군요."

과연 한길의 저 끝이, 불빛이 드문드문 박혀 있는 먼 주택지의 검은 풍경들이 점점 풀어져가고 있었다.

"자네, 하 선생을 좋아하고 있는 모양이군?"

내가 물었다. 박은 다시 해사한 웃음을 띠었다.

"그 여선생과 조군과 무슨 관계가 있는 모양이지?"

"모르겠습니다. 아마 조형이 결혼 대상자 중의 하나로 생각하는 것 같아요."

"자네가 그 여선생을 좋아한다면 좀더 적극적으로 나가야 해. 잘 해 봐."

"뭐 별로……."

박은 소년처럼 말을 더듬거렸다.

"그 속물들 틈에 앉아서 유행가를 부르고 있는 게 좀 딱해 보였을 뿐 이지요. 그래서 나와 버린 거죠."

박은 분노를 누르고 있는 듯이 나직나직 말했다.

"클래식을 부를 장소가 있고 유행가를 부를 장소가 따로 있다는 것뿐 이겠지. 뭐 딱할 거까지야 있나?"

나는 거짓말로써 그를 위로했다. 박은 가고 나는 다시 '속물'들 틈에 끼었다. 무진에서는 누구나 그렇게 생각하는 것이다. 타인은 모두 속물들이라고. 나 역시 그렇게 생각하는 것이다. 타인이 하는 모든 행위는 무위와 똑같은 무게밖에 가지고 있지 않은 장난이라고. 밤이 퍽 깊어서 우리는 자리에서 일어났다. 조는 내가 자기 집에서 자고 가기를 권했다. 그러나 다음 날 아침에 잠자리에서 일어나서 그 집을 나올 때까지의 부자유스러움을 생각하고 나는 기어코 밖으로 나섰다.

직원들도 도중에서 흩어져 가고 결국엔 나와 여자만이 남았다. 우리는 다리를 건너고 있었다. 검은 풍경 속에서 냇물은 하얀 모습으로 뻗어 있었고 그 하얀 모습의 끝은 안개 속으로 사라지고 있었다.

　　"밤엔 정말 멋있는 고장이에요."

　　여자가 말했다.

　　"그래요? 다행입니다."

　　내가 말했다.

　　"왜 다행이라고 말씀하시는 줄 짐작하겠어요."

　　여자가 말했다.

　　"어느 정도까지 짐작하셨어요?"

　　내가 물었다.

　　"사실은 멋이 없는 고장이니까요. 제 대답이 맞았어요?"

　　"거의."

　　우리는 다리를 다 건넜다. 거기서 우리는 헤어져야 했다. 그 여자는 냇물을 따라서 뻗어 나간 길로 가야 했고 나는 곧장 난 길로 가야 했다.

　　"아, 글루 가세요? 그럼……."

　　내가 말했다.

　　"조금만 바래다 주세요. 이 길은 너무 조용해서 무서워요."

　　여자가 조금 떨리는 목소리로 말했다. 나는 다시 여자와 나란히 서서 걸었다. 나는 갑자기 이 여자와 친해진 것 같았다. 다리가 끝나는 바로 거기에서부터, 그 여자가 정말 무서워서 떠는 듯한 목소리로 내게 바래다 주기를 청했던 바로 그 때부터 나는 그 여자가 내 생애 속에 끼어든 것을 느꼈다.

　　내 모든 친구들처럼, 이제는 모른다고 할 수 없는, 때로는 내가 그들을 훼손하기도 했지만 그러나 더욱 많이 그들이 나를 훼손시켰던 내 모든 친구들처럼.

"처음에 뵈었을 때, 뭐랄까요. 서울 냄새가 난다고 할까요. 퍽 오래 전부터 알던 사람처럼 느껴졌어요. 참 이상하죠?"

갑자기 여자가 말했다.

"유행가."

내가 말했다.

"네?"

"아니 유행가는 왜 부르십니까? 성악 공부한 사람들은 될 수 있는 대로 유행가를 멀리하지 않았던가요?"

"그 사람들은 항상 유행가만 부르라고 하거든요."

대답하고 나서 여자는 부끄러운 듯이 나지막하게 소리 내어 웃었다.

"유행가를 부르지 않으려면 거기에 가지 않는 게 좋다고 얘기하면 내정 간섭이 될까요?"

"정말 앞으론 가지 않을 작정이에요. 정말 보잘 것 없는 사람들이에요."

"그럼 왜 여태까진 거기에 놀러 다녔습니까?"

"심심해서요."

여자는 힘없이 말했다. 심심하다, 그래 그게 가장 정확한 표현이다.

"아까 박 군은 하 선생님께서 유행가를 부르고 계시는 게 보기에 딱하다고 하면서 나가 버렸지요."

나는 어둠 속에서 여자의 얼굴을 살폈다.

"박 선생님은 정말 꽁생원이에요."

여자는 유쾌한 듯이 높은 소리로 웃었다.

"선량한 사람이죠."

내가 말했다.

"네. 너무 선량해요."

"박 군이 하 선생님을 사랑하고 있다는 생각을 해 본 적은 없었던가요?"

"아이, '하 선생님, 하 선생님.' 하지 마세요. 오빠라고 해도 제 큰오빠뻘이나 되실 텐데요."

"그럼 무어라고 부릅니까?"

"그냥 제 이름을 불러 주세요. 인숙이라고요."

"인숙이, 인숙이."

나는 낮은 소리로 중얼거려 보았다.

"그게 좋군요."

나는 말했다.

"인숙인 왜 내 질문을 피하지요?"

"무슨 질문을 하셨던가요?"

여자는 웃으면서 말했다. 우리는 논 곁을 지나가고 있었다. 언젠가 여름밤, 멀고 가까운 논에서 들려 오는 개구리들의 울음소리를, 마치 수많은 비단조개 껍질을 한꺼번에 맞비빌 때 나는 듯한 소리를 듣고 있을 때 나는 그 개구리 울음소리들이 나의 감각 속에서 반짝이고 있는 수없이 많은 별들로 바뀌어져 있는 것을 느끼곤 했었다. 청각의 이미지가 시각의 이미지로 바뀌어지는 이상한 현상이 나의 감각 속에서 일어나곤 했었던 것이다.

개구리 울음소리가 반짝이는 별들이라고 느낀 나의 감각은 왜 그렇게 뒤죽박죽이었을까. 그렇지만 밤하늘에서 쏟아질 듯이 반짝이고 있는 별들을 보고 개구리의 울음소리가 귀에 들려오는 듯했었던 것은 아니다. 별들을 보고 있으면 나는 나와 어느 별과 그리고 그 별과 또 다른 별들 사이의 안타까운 거리가, 과학책에서 배운 바로써가 아니라, 마치 나의 눈이 점점 정확해져가고 있는 듯이, 나의 시력에 뚜렷이 보여 오는 것이었다.

나는 그 도달할 길 없는 거리를 보는 데 홀려서 멍하니 서 있다가 그

순간 속에서 그대로 가슴이 터져 버리는 것 같았었다. 왜 그렇게 못 견디어 했을까.

별이 무수히 반짝이는 밤하늘을 보고 있던 옛날 나는 왜 그렇게 분해서 못 견디어 했을까.

"무얼 생각하고 계세요?"

여자가 물어 왔다.

"개구리 울음소리."

대답하며 나는 밤하늘을 올려다봤다. 내리고 있는 안개에 가려서 별들이 흐릿하게 떠 보였다.

"어머, 개구리 울음소리. 정말이에요. 제겐 여태까지 개구리 울음소리가 들리지 않았어요. 무진의 개구리는 밤 열두 시 이후에만 우는 줄로 알고 있었는데요."

"열 두시 이후에요?"

"네, 밤 열두 시가 넘으면, 제가 방을 얻어 있는 주인댁 라디오 소리도 꺼지고 들리는 거라곤 개구리 울음소리뿐이거든요."

"밤 열두 시가 넘도록 잠을 자지 않고 무얼 하시죠?"

"그냥 가끔 그렇게 잠이 오지 않아요."

그냥 그렇게 잠이 오지 않는다, 아마 그건 사실이리라.

"사모님 예쁘게 생기셨어요?"

여자가 갑자기 물었다.

"제 아내 말씀인가요?"

"네."

"예쁘죠."

나는 웃으면서 대답했다.

"행복하시죠? 돈이 많고 예쁜 부인이 있고 귀여운 아이들이 있고 그러면……"

"아이들은 아직 없으니까 쬐끔 덜 행복하겠군요."

"어머, 결혼을 언제 하셨는데 아직 아이들이 없어요?"

"이제 삼 년 좀 넘었습니다."

"특별한 용무도 없이 여행하시면서 왜 혼자 다니세요?"

이 여자는 왜 이런 질문을 할까? 나는 조용히 웃어버렸다. 여자는 아까보다 좀더 명랑한 목소리로 말했다.

"앞으로 오빠라고 부를 테니까 절 서울로 데려가 주시겠어요?"

"서울에 가고 싶으신가요?"

"네."

"무진이 싫은가요?"

"미칠 것 같아요. 금방 미칠 것 같아요. 서울엔 제 대학 동창들도 많고……. 아이, 서울로 가고 싶어 죽겠어요."

여자는 잠깐 내 팔을 잡았다가 얼른 놓았다. 나는 갑자기 흥분되었다. 나는 이마를 찡그렸다. 찡그리고 찡그리고 또 찡그렸다. 그러자 흥분이 가셨다.

"그렇지만 이젠 어딜 가도 대학 시절과는 다를걸요. 인숙은 여자니까 아마 가정으로나 숨어버리기 전에는 어느 곳에 가든지 미칠 것 같을걸요."

"그런 생각도 해 봤어요. 그렇지만 지금 같아선 가정을 갖는다고 해도 미칠 것 같은 생각이 들어요. 정말 맘에 드는 남자가 아니면요. 정말 맘에 드는 남자가 있다고 해도 여기서는 살기가 싫어요. 전 그 남자에게 여기서 도망하자고 조를 거예요."

"그렇지만 내 경험으로는 서울에서의 생활이 반드시 좋지도 않더군요. 책임, 책임뿐입니다."

"그렇지만 여긴 책임도 무책임도 없는 곳인걸요. 하여튼 서울에 가고 싶어요. 절 데려가 주시겠어요?"

"생각해봅시다."

"꼭이에요. 네?"

나는 그저 웃기만 했다. 우리는 그 여자의 집 앞에까지 왔다.

"선생님, 내일은 무얼 하실 계획이세요?"

여자가 물었다.

"글쎄요, 아침엔 어머님 산소엘 다녀와야 하겠고, 그러고 나면 할 일이 없군요. 바닷가에나 가 볼까 하는데요. 거긴 한때 내가 방을 얻어 있던 집이 있으니까 인사도 할 겸."

"선생님, 내일 거긴 오후에 가세요."

"왜요?"

"저도 같이 가고 싶어요. 내일은 토요일이니까 오전 수업뿐이에요."

"그럽시다."

우리는 내일 만날 시간과 장소를 약속하고 헤어졌다. 나는 이상한 우울에 빠져서 터벅터벅 밤길을 걸어 이모 댁으로 돌아왔다.

내가 이불 속으로 들어갔을 때 통금 사이렌이 불었다. 그것은 갑작스럽게 요란한 소리였다. 그 소리는 길었다. 모든 사물이 모든 사고가 그 사이렌에 흡수되어 갔다. 마침내 이 세상에선 아무것도 없어져 버렸다. 사이렌만이 세상에 남아 있었다. 그 소리도 마침내 느껴지지 않을 만큼 오랫동안 계속할 것 같았다.

그 때 소리가 갑자기 힘을 잃으면서 꺾였고 길게 신음하며 사라져 갔다. 내 사고만이 다시 살아났다. 나는 얼마 전까지 그 여자와 주고받던 얘기들을 다시 생각해보려 했다. 많은 것을 얘기한 것 같은데 그러나 귓속에는 우리의 대화가 몇 개 남아 있지 않았다.

좀더 시간이 지난 후, 그 대화들이 내 귓속에서 내 머릿속으로 자리를 옮길 때는 그리고 머릿속에서 심장 속으로 옮겨갈 때는 또 몇 개가 더 없어져 버릴 것인가. 아니 결국엔 모두 없어져 버릴지도 모른다. 천천히 생각해 보자. 그 여자는 서울에 가고 싶다고 했다. 그 말을 그 여자는 안타까운 음성으로 얘기했다.

나는 문득 그 여자를 껴안고 싶은 충동에 사로잡혔다. 그리고……. 아니, 내 심장에 남을 수 있는 것은 그것뿐이었다. 그러나 그것도 일단 무진을 떠나기만 하면 내 심장 위에서 지워져 버리리라. 나는 잠이 오지 않았다. 낮잠 때문이기도 하였다. 나는 어둠 속에서 담배를 피웠다. 나는 우울한 유령들처럼 나를 내려다보고 있는 벽에 걸린 하얀 옷들을 흘겨보고 있었다.

나는 담뱃재를 머리맡의 적당한 곳에 털었다. 내일 아침 걸레로 닦아 내면 될 어느 곳에. '열두 시 이후에 우는' 개구리 울음소리가 희미하게 들려 오고 있었다. 어디선가 한 시를 알리는 시계소리가 나직이 들려 왔다. 어디선가 두 시를 알리는 시계소리가 들려왔다. 어디선가 세 시를 알리는 시계 소리가 들려 왔다. 어디선가 네 시를 알리는 시계 소리가 들려 왔다. 잠시 후에 통금 해제의 사이렌이 불었다.

시계와 사이렌 중 어느 것 하나가 정확하지 못했다. 사이렌은 갑작스럽고 요란한 소리였다. 그 소리는 길었다. 모든 사물이 모든 사고가 그 사이렌에 흡수되어 갔다. 마침내 이 세상에선 아무것도 없어져 버렸다. 사이렌만이 세상에 남아 있었다. 그 소리도 마침내 느껴지지 않을 만큼 오랫동안 계속할 것 같았다. 그 때 소리가 갑자기 힘을 잃으면서 꺾였고 길게 신음하며 사라져 갔다. 어디선가 부부들은 교합하리라. 아니다. 부부가 아니라 창부와 그 여자의 손님이리라. 나는 왜 그런 엉뚱한 생각을 하고 있는지 알 수 없었다. 잠시 후에 나는 슬며시 잠이 들었다.

바다로 뻗은 긴 방죽

그날 아침엔 이슬비가 내리고 있었다. 식전에 나는 우산을 받쳐 들고 읍 근처의 산에 있는 어머니의 산소로 갔다. 나는 바지를 무릎 위까지 걷어올리고 비를 맞으며 묘를 향하여 엎드려 절했다. 비가 나를 굉장한 효자로 만들어 주었다. 나는 한 손으로 묘 위의 긴 풀을 뜯었다. 풀을 뜯으면서 나는 나를 전무님으로 만들기 위하여 전무 선출에 관계된 사람들을 찾아다니며 그 호걸 웃음을 웃고 있을 장인 영감을 상상했다. 그러나 나는 묘 속으로 들어가고 싶었다.

돌아가는 길은 좀 멀긴 하지만 잔디가 곱게 깔린 방죽길을 걷기로 했다. 이슬비가 바람에 뿌옇게 날리고 있었다. 비를 따라서 풍경이 흔들렸다. 나는 우산을 접어 버렸다.

방죽 위를 걸어가다가 나는, 방죽의 경사 밑, 물가의 풀밭에 읍에서 먼 촌으로부터 등교하기 위하여 온 학생들이 모여서 웅성거리고 있는 것을 보았다. 나이 많은 사람들이 몇 사람 끼어 있었고 비옷을 입은 순경 한 사람이 방죽의 비탈 위에 쭈그리고 앉아서 담배를 피우며 먼 곳을 바라보고 있었고 노파 한 사람이 혀를 차며 웅성거리고 있는 학생들의 틈을 빠져나와서 갔다. 나는 방죽의 비탈을 내려갔다. 순경 곁을 지나면서 나는 물었다.

"무슨 일입니까?"
"자살 시쳅니다."
순경은 흥미 없는 말투로 말했다.
"누군데요?"
"읍에 있는 술집 여잡니다. 초여름이 되면 반드시 몇 명씩 죽지요."
"네에."
"저 계집애는 아주 독살스러운 년이어서 안 죽을 줄 알았더니 저것도 별수 없는 사람이었던 모양입니다."
"네에."
나는 물가로 내려가서 학생들 틈에 끼었다. 시체의 얼굴은 냇물을 향하고 있었으므로 내게는 보이지 않았다. 머리는 파마였고 팔과 다리가 하얗고 굵었다. 붉은색의 얇은 스웨터를 입고 있었고 하얀 스커트를 입고 있었다.

지난 밤의 새벽은 추웠던 모양이다. 아니면 그 옷이 그 여자의 맘에 든 옷이었던가보다. 푸른 꽃무늬 있는 하얀 고무신을 머리에 베고 있었다. 무엇인가를 싼 하얀 손수건이 그 여자의 축 늘어진 손에서 좀 떨어진 곳에 굴러 있었다.

하얀 손수건은 비를 맞고 있었고 바람이 불어도 조금도 나부끼지 않았다. 시체의 얼굴을 보기 위하여 많은 학생들이 냇물 속에 발을 담그고 이 쪽을 향하여 서 있었다. 그들의 푸른색 유니폼이 물에 거꾸로 비쳐 있었다. 푸른색의 깃발들이 시체를 옹위하고 있었다. 나는 그 여자를 향하여 이상스레 정욕이 끓어오름을 느꼈다. 나는 급히 그 자리를 떠났다.

"무슨 약을 먹었는지 모르지만 지금이라도 어쩌면……."

순경에게 내가 말했다.

"저런 여자들이 먹는 건 청산가립니다. 수면제 몇 알 먹고 떠들썩한 연극 같은 건 안 하지요. 그것만은 고마운 일이지만."

나는 무진으로 오는 버스 안에서 수면제를 만들어 팔겠다는 공상을 한 것이 생각났다. 햇빛의 신선한 밝음과 살갗에 탄력을 주는 정도의 공기의 저온, 그리고 해풍에 섞여 있는 정도의 소금기, 이 세 가지를 합성하여 수면제를 만들 수 있다면……. 그러나 사실 그 수면제는 이미 만들어져 있었던 게 아닐까. 나는 문득, 내가 간밤에 잠을 이루지 못하고 뒤척거리고 있었던 게 이 여자의 임종을 지켜 주기 위해서가 아니었을까 하는 생각이 들었다.

통금 해제의 사이렌이 불고 이 여자는 약을 먹고 그제야 나는 슬머시 잠이 들었던 것만 같다. 갑자기 나는 이 여자가 나의 일부처럼 느껴졌다. 아프긴 하지만 아끼지 않으면 안 될 내 몸의 일부처럼 느껴졌다. 나는 접어 든 우산에 묻은 물을 휙휙 뿌리면서 집으로 돌아왔다. 집에는 세무서장인 조가 보낸 쪽지가 기다리고 있었다.

"할 일 없으면 세무서에 좀 들러 주게."

아침밥을 먹고 나는 세무서로 갔다. 이슬비는 그쳤으나 하늘은 흐렸다. 나는 조의 의도를 알 것 같았다. 서장실에 앉아 있는 자기의 모습을 보여 주고 싶은 거다. 아니 내가 비꼬아서 생각하고 있는지 모른다. 나는 고쳐 생각하기로 했다. 그는 세무서장으로 만족하고 있을까? 아마 만족하고 있을 게다.

그는 무진에 어울리는 사람이다. 아니, 나는 다시 고쳐 생각하기로 했다. 어떤 사람을 잘 안다는 것 —— 잘 아는 체한다는 것이 그 어떤 사람의 입장에서 보면 무척 불행한 일이다. 우리가 비난할 수 있고 적어도 평가하려고 드는 것은 우리가 알고 있는 사람에 한하는 것이기 때문이다.

조는 러닝셔츠 바람으로, 바지는 무릎 위까지 걷어붙이고 부채를 부치고 있었다. 나는 그가 초라해 보였고 그러나 그가 흰 커버를 씌운 회전 의자 위에 앉아 있는 것을 자랑스러워하는 듯한 몸짓을 해보일 때는 그가 가엾게 생각되었다.

"바쁘지 않나?"

내가 물었다.

"나야 뭐 하는 일이 있어야지. 높은 자리라는 건 책임진다는 말만 중얼거리고 있으면 되는 모양이지."

그러나 그는 결코 한가하지 않았다. 여러 사람들이 드나들면서 서류에 조의 도장을 받아 갔고 더 많은 서류들이 그의 미결함에 쌓여졌다.

"월말에다가 토요일이 되어서 좀 바쁘다."

그는 말했다. 그러나 그의 얼굴은 그 바쁜 것을 자랑스럽게 여기고 있었다. 바쁘다. 자랑스러워할 틈도 없이 바쁘다. 그것은 서울에서의 나였다. 그만큼 여기는 생활한다는 것에 서투를 수 있다고나 할까? 바쁘다는 것도 서투르게 바빴다.

그리고 그 때 나는, 사람이 자기가 하는 일에 서투르다는 것은, 그것이 무슨 일이든지, 설령 도둑질이라고 할지라도 서투르다는 것은 보기에 딱하고 보는 사람을 신경질나게 한다고 생각하였다. 미끈하게 일을 처리해 버린다는 건 우선 우리를 안심시켜 준다.

"참, 엊저녁, 하 선생이란 여자는 네 색시감이냐?"

내가 물었다.

"색시감?"

그는 높은 소리로 웃었다.

"내 색시감이 그 정도로밖에 안 보이냐?"

그가 말했다.

"그 정도가 뭐 어때서?"

"야, 이 약아빠진 놈아, 넌 빽 좋고 돈 많은 과부를 물어놓고 기껏 내가 어디서 굴러 온 줄도 모르는 말라빠진 음악선생이나 차지하고 있으면 맘이 시원하겠다는 거냐?"

말하고 나서 그는 유쾌해 죽겠다는 듯이 웃어대었다.

"너만큼만 사는 정도라면 여자가 거지라도 괜찮지 않아?"

내가 말했다.

"그래도 그게 아닙니다. 내 편에 나를 끌어 줄 사람이 없으면 처가 편에서라도 누가 있어야 하는 거야."

그가 대답했다. 그의 말투로는 우리는 공범자였다.

"야, 세상 우습더라. 내가 고시에 패스하자마자 중매쟁이가 막 들어오는데……. 그런데 그게 모두 형편없는 것들이거든. 도대체 여자들이 성기 하나를 밑천으로 해서 시집가 보겠다는 고 배짱들이 괘씸하

단 말야."

"그럼 그 여선생도 그런 여자 중의 하나인가?"

"아주 대표적인 여자지. 어떻게나 쫓아다니는지 귀찮아 죽겠다."

"퍽 똑똑한 여자일 것 같던데."

"똑똑하기야 하지. 그렇지만 뒷조사를 해 보았더니 집안이 너무 허술해. 그 여자가 여기서 죽는다고 해도 고향에서 그 여자를 데리러 올 사람 하나 변변한 게 없거든."

나는 그 여자를 어서 만나 보고 싶었다. 나는 그 여자가 지금 어디서 죽어가고 있는 것처럼 생각되었다. 어서 가서 만나 보고 싶었다.

"속도 모르는 박 군은 그 여자를 좋아한대."

그가 말하면서 빙긋 웃었다.

"박 군이?"

나는 놀란 체했다.

"그 여자에게 편지를 보내어 호소를 하는데 그 여자가 모두 내게 보여 주거든. 박 군은 내게 연애 편지를 쓰는 셈이지."

나는 그 여자를 만나 보고 싶은 생각이 싹 가셨다. 그러나 잠시 후엔 그 여자를 어서 만나 보고 싶다는 생각이 되살아났다.

"지난 봄엔 그 여잘 데리고 절엘 한 번 갔었지. 어떻게 해 보려고 했는데 요 영리한 게 결혼하기 전까지는 절대로 안 된다는 거야."

"그래서?"

"무안만 당하고 말았지."

나는 그 여자에게 감사했다.

시간이 됐을 때 나는 그 여자와 만나기로 한, 읍내에서 좀 떨어진 바다로 뻗어 나가고 있는 방죽으로 갔다. 노란 파라솔 하나가 멀리 보였다. 그것이 그 여자였다. 우리는 구름이 낀 하늘 밑을 나란히 걸어갔다.

"저 오늘 박 선생님께 선생님에 관해서 여러 가지 물어 봤어요."

"그래요?"

"무얼 제일 중요하게 물어 보았을 거 같아요?"

나는 전연 짐작할 수가 없었다. 그 여자는 잠시 동안 키득키득 웃었다. 그리고 말했다.

"선생님의 혈액형을 물어 봤어요."

"내 혈액형을요?"

"전 혈액형에 대해서 이상한 믿음을 가지고 있어요. 사람들이 꼭 자

기의 혈액형이 나타내 주는 —— 그, 생물책에 씌어 있지 않아요?
—— 꼭 그 성격대로이기만 했으면 좋겠어요. 그럼 세상엔 손가락으
로 꼽을 정도의 성격밖에 없을 게 아니에요?"

"그게 어디 믿음입니까? 희망이지."

"전 제가 바라는 것은 그대로 믿어 버리는 성격이에요."

"그건 무슨 혈액형입니까?"

"바보라는 이름의 혈액형이에요."

우리는 후텁지근한 공기 속에서 괴롭게 웃었다. 나는 그 여자의 프로
필을 훔쳐보았다.
　그 여자는 이제 웃음을 그치고 입을 꾹 다물고 그 커다란 눈으로 앞
을 똑바로 응시하고 있었고 코끝에 땀이 맺혀 있었다. 그 여자는 어린
아이처럼 나를 따라오고 있었다.
　나는 나의 한 손으로 그 여자의 한 손을 잡았다. 그 여자는 놀란 듯했
다. 나는 얼른 손을 놓았다. 잠시 후에 나는 다시 손을 잡았다. 그 여자
는 이번엔 놀라지 않았다. 우리가 잡고 있는 손바닥과 손바닥의 틈으로
희미한 바람이 새어나가고 있었다.
　"무작정 서울에만 가면 어떻게 할 작정이오?"
　내가 물었다.
　"이렇게 좋은 오빠가 있는데 어떻게 해 주겠지요."
　여자는 나를 쳐다보며 방긋 웃었다.
　"신랑감이야 수두룩하긴 하지만……. 서울보다는 고향에 가 있는 게
낫지 않을까요?"
　"고향보다는 여기가 나아요."
　"그럼 여기 그대로 있는 게……."
　"아이, 선생님. 절 데리고 가시잖을 작정이시군요."
　여자는 울상을 지으며 내 손을 뿌리쳤다. 사실 나는 내 자신을 알 수
없었다. 사실 나는 감상이나 연민으로써 세상을 향하고 서는 나이도 지
난 것이다.
　사실 나는, 몇 시간 전에 조가 얘기했듯이 '빽이 좋고 돈 많은 과부'
를 만난 것을 반드시 바랐던 것은 아니지만 결과적으로는 잘 되었다고
생각하고 있는 사람인 것이다.
　나는 내게서 달아나 버렸던 여자에 대한 것과는 다른 사랑을 지금의
내 아내에 대하여 갖고 있었다. 그러면서도 나는 구름이 끼여 있는 하

늘 밑의 바다로 뻗은 방죽 위를 걸어가면서, 다시 내 곁에 선 여자의 손을 잡았다. 나는 지금 우리가 찾아가고 있는 집에 대하여 여자에게 설명해 주었다.

어느 해, 나는 그 집에서 방 한 칸을 얻어들고 더러워진 나의 폐를 씻어내고 있었다. 어머니도 세상을 떠나간 뒤였다. 이 바닷가에서 보낸 일 년. 그 때 내가 쓴 모든 편지들 속에서 사람들은 '쓸쓸하다.' 라는 단어를 쉽게 발견할 수 있었다.

그 단어는 다소 천박하고 이제는 사람의 가슴에 호소해오는 능력도 거의 상실해 버린 사어 같은 것이지만 그러나 그 무렵의 내게는 그 말 밖에 써야 할 말이 없는 것처럼 생각되었었다.

아침의 백사장을 거니는 산보에서 느끼는 시간의 지루함과 낮잠에서 깨어나서 식은땀이 줄줄 흐르는 이마를 손바닥으로 닦으며 느끼는 허전함과 깊은 밤에 악몽으로부터 깨어나서 쿵쿵 소리를 내며 급하게 뛰고 있는 심장을 한 손으로 누르며 밤바다의 그 애처로운 울음소리에 귀를 기울이고 있을 때의 안타까움, 그런 것들이 굴 껍데기처럼 다닥다닥 붙어서 떨어질 줄 모르는 나의 생활을 나는 '쓸쓸하다.' 라는, 지금 생각하면 허깨비 같은 단어 하나로 대신시켰던 것이다.

바다는 상상도 되지 않는 먼지 낀 도시에서, 바쁜 일과중에, 무표정한 우편 배달부가 던져 주고 간 나의 편지 속에서 '쓸쓸하다.' 라는 말을 보았을 때, 그 편지를 받은 사람이 과연 무엇을 느끼거나 상상할 수 있었을까? 그 바닷가에서 그 편지를 내가 띄우고 도시에서 내가 그 편지를 받았다고 가정할 경우에도 내가 그 바닷가에서 그 단어에 걸어 보던 모든 것에 만족할 만큼 도시의 내가 바닷가의 나의 심경에 공명할 수 있었을 것인가? 아니 그것이 필요하기나 했었을까?

그러나 정확하게 말하자면, 그 무렵 편지를 쓰기 위해서 책상 앞으로 다가가고 있던 나도, 지금에 와서 내가 하고 있는 바와 같은 가정과 질문을 어렴풋이나마 하고 있었고 그 대답을 '아니다.' 로 생각하고 있었던 듯하다. 그러면서도 나는 그 속에 '쓸쓸하다.' 라는 단어가 씌어진 편지를 썼고 때로는 바다가 암청색으로 서투르게 그려진 엽서를 사방으로 띄웠다.

"세상에서 제일 먼저 편지를 쓴 사람은 어떤 사람이었을까요?"

내가 말했다.

"아이, 편지, 정말 편지를 받는 것처럼 기쁜 일은 없어요. 정말 누구였을까요? 아마 선생님처럼 외로운 사람이었겠죠?"

여자의 손이 내 손 안에서 꼼지락거렸다. 나는 그 손이 그렇게 말하고 있는 듯한 느낌이 들었다.

"그리고 인숙이처럼."

내가 말했다.

"네."

우리는 서로 고개를 돌려 마주보며 웃음지었다.

우리는 우리가 찾아가는 집에 도착했다. 세월이 그 집과 그 집 사람들만은 피해서 지나갔던 모양이다. 주인들은 나를 옛날의 나로 대해 주었고 그러자 나는 옛날의 내가 되었다. 나는 가지고 온 선물을 내놓았고 그 집주인 부부는 내가 들어 있던 방을 우리에게 제공해 주었다. 나는 그 방에서 여자의 조바심을, 마치 칼을 들고 달려드는 사람으로부터, 누군가 자기의 손에서 칼을 빼앗아 주지 않으면 상대편을 찌르고 말 듯한 절망을 느끼는 사람으로부터 칼을 빼앗듯이 그 여자의 조바심을 빼앗아 주었다.

그 여자는 처녀는 아니었다. 우리는 다시 방문을 열고 물결이 다소 거센 바다를 내려다보며 오랫동안 말없이 누워 있었다.

"서울에 가고 싶어요. 단지 그것뿐이에요."

한참 후에 여자가 말했다.

나는 손가락으로 여자의 볼 위에 의미 없는 도화를 그리고 있었다.

"세상엔 착한 사람이 있을까?"

나는 방으로 불어오는 해풍 때문에 불이 꺼져 버린 담배에 다시 불을 붙이며 말했다.

"절 나무라시는 거죠? 착하게 보아 주려는 마음이 없으면 아무도 착하지 않을 거예요."

나는 우리가 불교도라고 생각했다.

"선생님은 착한 분이세요?"

"인숙이가 믿어 주는 한."

나는 다시 한 번 우리가 불교도라고 생각했다. 여자는 누운 채 내게 조금 더 다가왔다.

"바닷가로 나가요, 네? 노래 불러 드릴게요."

여자가 말했다. 그러나 우리는 일어나지 않았다.

"바닷가로 나가요, 네? 방이 너무 더워요."

우리는 일어나서 밖으로 나왔다. 우리는 백사장을 걸어서 인가가 보이지 않는 바닷가의 바위 위에 앉았다. 파도가 거품을 숨겨 가지고 와서 우리가 앉아 있는 바위 밑에 그것을 뿜어놓았다.

"선생님."

여자가 나를 불렀다. 나는 여자 쪽으로 고개를 돌렸다.

"자기 자신이 싫어지는 것을 경험하신 적이 있으세요?"

여자가 꾸민 명랑한 목소리로 물었다. 나는 기억을 헤쳐 보았다. 나는 고개를 끄덕이며 말했다.

"언젠가 나와 함께 자던 친구가 다음 날 아침에 내가 코를 골면서 자더라는 것을 알려 주었을 때였지. 그 때 정말이지 살맛이 나지 않았어."

나는 여자를 웃기기 위해서 그렇게 말했다. 그러나 여자는 웃지 않고 조용히 고개만 끄덕거렸다. 한참 후에 여자가 말했다.

"선생님, 저 서울에 가고 싶지 않아요."

나는 여자의 손을 달라고 하여 잡았다. 나는 그 손을 힘을 주어 쥐면서 말했다.

"우리 서로 거짓말은 하지 말기로 해."

"거짓말이 아니에요."

여자는 빙긋 웃으면서 말했다.

"'어떤 갠 날' 불러 드릴게요."

"그렇지만 오늘은 흐린걸."

나는 '어떤 갠 날'의 그 이별을 생각하며 말했다. 흐린 날엔 사람들은 헤어지지 말기로 하자. 손을 내밀고 그 손을 잡는 사람이 있으면 그 사람을 가까이 가까이 좀더 가까이 끌어당겨 주기로 하자. 나는 그 여자에게 '사랑한다.'고 말하고 싶었다.

그러나 '사랑한다.'라는 그 국어의 어색함이 그렇게 말하고 싶은 나의 충동을 쫓아 버렸다.

우리가 바닷가에서 읍내로 돌아온 것은 저녁의 어둠이 밀려든 뒤였다. 읍내에 들어오기 조금 전에 우리는 방죽 위에서 키스했다.

"전 선생님께서 여기 계시는 일 주일 동안만 멋있는 연애를 할 계획이니까 그렇게 알고 계세요."

헤어지면서 여자가 말했다.

"그렇지만 내 힘이 더 세니까 별수 없이 내게 끌려서 서울까지 가게 될걸."

내가 말했다.

집으로 돌아와서 나는 후배인 박이 낮에 다녀간 것을 알았다. 그는 내가 '무진에서 계시는 동안 심심하시지 않을까 하여 읽으시라.'고 책 세 권을 두고 갔다. 그가 저녁에 다시 오겠다고 하더라는 얘기를 이모가 내게 했다.

　나는 피로를 핑계로 아무도 만나기 싫다는 뜻을 이모에게 알려 두었다. 이모는 바닷가에서 아직 돌아오지 않았다고 대답하겠다고 말했다. 나는 아무것도 생각하고 싶지 않았다, 아무것도. 나는 이모에게 소주를 사 오게 하여 취해서 잠이 들 때까지 마셨다. 새벽녘에 잠깐 잠이 깨었다. 나는 이유를 집어낼 수 없이 가슴이 두근거렸는데 그것은 불안이었다.

　"인숙이."

하고 나는 중얼거려 보았다. 그리고 곧 다시 잠이 들어버렸다.

당신은 무진을 떠나고 있습니다

　나는 이모가 나를 흔들어 깨워서 눈을 떴다. 늦은 아침이었다.

　이모는 전보 한 통을 내게 건네 주었다. 엎드려 누운 채 나는 전보를 펴 보았다. '27일회의참석필요, 급상경바람 영.', '27일'은 모레였고 '영'은 아내였다. 나는 아프도록 쑤시는 이마를 베개에 대었다. 나는 숨을 거칠게 쉬고 있었다.

　나는 내 호흡을 진정시키려고 했다. 아내의 전보가 무진에 와서 내가 한 모든 행동과 사고를 내게 점점 명료하게 드러내 보여 주었다. 모든 것이 선입관 때문이었다.

　결국 아내의 전보는 그렇게 얘기하고 있었다. 나는 아니라고 고개를 저었다. 모든 것이, 흔히 여행자에게 주어지는 그 자유 때문이라고 아내의 전보는 말하고 있었다.

　나는 아니라고 고개를 저었다. 모든 것이 세월에 의하여 내 마음 속에서 잊혀질 수 있다고 전보는 말하고 있었다. 그러나 상처가 남는다고, 나는 고개를 저었다.

오랫동안 우리는 다투었다. 그래서 전보와 나는 타협안을 만들었다. 한 번만, 마지막으로 한 번만 이 무진을, 안개를, 외롭게 미쳐가는 것을, 유행가를, 술집 여자의 자살을, 배반을, 무책임을 긍정하기로 하자. 마지막으로 한 번만이다.

꼭 한 번만. 그리고 나는 내게 주어진 한정된 책임 속에서만 살기로 약속한다. 전보여, 새끼손가락을 내밀어라. 나는 거기에 내 새끼손가락을 걸어서 약속한다. 우리는 약속했다.

그러나 나는 돌아서서 전보의 눈을 피하여 편지를 썼다.

"갑자기 떠나게 되었습니다. 찾아가서 말로써 오늘 제가 먼저 가는 것을 알리고 싶었습니다만 대화란 항상 의외의 방향으로 나가 버리기를 좋아하기 때문에 이렇게 글로써 알리는 것입니다. 간단히 쓰겠습니다. 사랑하고 있습니다. 왜냐하면 당신은 제 자신이기 때문에 적어도 제가 어렴풋이나마 사랑하고 있는 옛날의 저의 모습이기 때문입니다. 저는 옛날의 저를 오늘의 저로 끌어다놓기 위하여 갖은 노력을 다하였듯이 당신을 햇볕 속으로 끌어놓기 위하여 있는 힘을 다할 작정입니다. 저를 믿어 주십시오. 그리고 서울에서 준비가 되는 대로 소식 드리면 당신은 무진을 떠나서 제게 와 주십시오. 우리는 아마 행복할 수 있을 것입니다."

쓰고 나서 나는 그 편지를 읽어 봤다. 또 한 번 읽어 봤다. 그리고 찢어 버렸다.

덜컹거리며 달리는 버스 속에 앉아서 나는 어디쯤에선가 길가에 세워진 하얀 팻말을 보았다. 거기에는 선명한 검은 글씨로 '당신은 무진읍을 떠나고 있습니다. 안녕히 가십시오.'라고 씌어 있었다. 나는 심한 부끄러움을 느꼈다.

서울, 1964년 겨울

1964년 겨울을 서울에서 지냈던 사람이라면 누구나 알 수 있겠지만, 밤이 되면 거리에 나타나는 선술집 —— 오뎅과 군참새와 세 가지 종류의 술 등을 팔고 있고, 얼어붙은 거리를 휩쓸며 부는 차가운 바람이 펄럭거리게 하는 포장을 들치고 안으로 들어서게 되어 있고, 그 안에 들어서면 카바이드 불의 길쭉한 불꽃이 바람에 흔들리고 있고, 염색한 군용잠바를 입고 있는 중년 사내가 술을 따르고 안주를 구워 주고 있는 그러한 선술집에서, 그 날 밤, 우리 세 사람은 우연히 만났다. 우리 세 사람이란 나와 도수 높은 안경을 쓴 안이라는 대학원 학생과 정체를 알 수 없지만 요컨대 가난뱅이라는 것만은 분명하여 그의 정체를 꼭 알고 싶다는 생각은 조금도 나지 않는 서른대여섯 살짜리 사내를 말한다.

먼저 말을 주고받게 된 것은 나와 대학원생이었는데, 뭐 그렇고 그런 자기 소개가 끝났을 때는 나는 그가 안씨라는 성을 가진 스물다섯 살짜리 대한민국 청년, 대학 구경을 해 보지 못한 나로서는 상상이 되지 않는 전공을 가진 대학원생, 부자집 장남이라는 걸 알았고, 그는 내가 스

물다섯 살짜리 시골 출신, 고등 학교는 나오고 육군 사관 학교를 지원했다가 실패하고 나서 군대에 갔다가 임질에 한 번 걸려 본 적이 있고 지금은 구청 병사계에서 일하고 있다는 것을 아마 알았을 것이다.

자기 소개들은 끝났지만 그러고 나서는 서로 할 얘기가 없었다. 잠시 동안은 조용히 술만 마셨는데 나는 새까맣게 구워진 군참새를 집을 때 할 말이 생겼기 때문에 마음 속으로 군참새에게 감사하고 나서 얘기를 시작했다.

"안형, 파리를 사랑하십니까?"

"아니오, 아직까진……."

그가 말했다.

"김형은 파리를 사랑하세요?"

"예."

라고 나는 대답했다.

"날 수 있으니까요. 아닙니다. 날 수 있는 것으로서 동시에 내 손에 붙잡힐 수 있는 것이니까요. 날 수 있는 것으로서 손 안에 잡아본 적이 있으세요?"

"가만 계셔 보세요."

그는 안경 속에서 나를 멀거니 바라보며 잠시 동안 표정을 꼼지락거리고 있었다. 그리고 말했다.

"없어요, 나도 파리밖에는……."

낮엔 이상스럽게도 날씨가 따뜻했기 때문에 길은 얼음이 녹아서 흙물로 가득했었는데 밤이 되면서부터 다시 기온이 내려가고 흙물은 우리의 발밑에서 다시 얼어붙기 시작했다. 소가죽으로 지어진 내 검정 구두는 얼고 있는 땅바닥에서 올라오고 있는 찬 기운을 충분히 막아내지 못하고 있었다. 사실 이런 술집이란, 집으로 돌아가는 길에 잠깐 한잔 하고 싶은 생각이 든 사람이나 들어올 데지, 마시면서 곁에 선 사람과 무슨 얘기를 주고받을 만한 데는 되지 못하는 곳이다.

그런 생각이 문득 들었지만 그 안경잡이가 때마침 나에게 기특한 질문을 했기 때문에 나는 '이놈 그럴 듯하다.'고 생각되어 추위 때문에 저려드는 내 발바닥에서 조금만 참으라고 부탁했다.

"김형, 꿈틀거리는 것을 사랑하십니까?"
하고 그가 내게 물었던 것이다.

"사랑하구말구요."

나는 갑자기 의기양양해져서 대답했다. 추억이란 그것이 슬픈 것이든지 기쁜 것이든지 그것을 생각하는 사람을 의기양양하게 한다. 슬픈 추억일 때는 고즈넉이 의기양양해지고 기쁜 추억일 때는 소란스럽게 의기양양해진다.

"사관 학교 시험에서 미역국을 먹고 나서도 얼마 동안, 나는 나처럼 대학 입학 시험에 실패한 친구 하나와 미아리에서 하숙하고 있었습니다. 서울은 그때가 처음이었죠. 장교가 된다는 꿈이 깨어져서 나는 퍽 실의에 빠져 있었습니다. 그 때 영영 실의해버린 느낌입니다. 아시겠지만 꿈이 크면 클수록 실패가 주는 절망감도 대단한 힘을 발휘하더군요. 그 무렵 재미를 붙인 게 아침의 만원된 버스 칸이었습니다. 함께 있는 친구와 나는 하숙집의 아침 밥상을 밀어 놓기가 바쁘게 미아리 고개 위에 있는 버스 정류장으로 달려갑니다. 개처럼 숨을 헐떡거리면서 말입니다. 시골에서 처음으로 서울에 올라온 청년들의 눈에 가장 부럽고 신기하게 비치는 게 무언지 아십니까? 부러운 건, 뭐니뭐니해도, 밤이 되면 빌딩들의 창에 켜지는 불빛 아니, 그 불빛 속에서 이리저리 움직이고 있는 사람들이고 신기한 건 버스 칸 속에서 1센티미터도 안 되는 간격을 두고 자기 곁에 예쁜 아가씨가 서 있다는 사실입니다. 때로는 아가씨들과 팔목의 살을 대고 있기도 하고 허벅다리를 비비고 서 있을 있을 수도 있어서 그것 때문에 나는 하루

종일을 시내 버스를 이것저것 갈아타면서 보낸 적도 있습니다. 물론 그 날 밤엔 너무 피로해서 토했습니다만……."

"잠깐, 무슨 얘기를 하시자는 겁니까?"

"꿈틀거리는 것을 사랑한다는 얘기를 하려던 참이었습니다. 들어보세요. 그 친구와 나는 출근 시간의 만원 버스 속을 쓰리꾼들처럼 안으로 비집고 들어갑니다. 그리고 자리를 잡고 앉아 있는 젊은 여자 앞에 섭니다. 나는 한 손으로 손잡이를 잡고 나서, 달려오느라고 좀 멍해진 머리를 올리고 있는 손에 기댑니다. 그리고 내 앞에 앉아 있는 여자의 아랫배 쪽으로 천천히 시선을 보냅니다. 그러면 처음엔 얼른 눈에 뜨이지 않지만 시간이 조금 가고 내 시선이 투명해지면서부터 나는 그 여자의 아랫배가 조용히 오르내리는 것을 볼 수 있습니다."

"오르내린다는 건……. 호흡 때문에 그러는 것이겠죠?"

"물론입니다. 시체의 아랫배는 꿈쩍도 하지 않으니까요. 하여튼 나는 그 아침의 만원 버스 칸 속에서 보는 젊은 여자 아랫배의 조용한 움직임을 보고 있으면 왜 그렇게 마음이 편안해지고 맑아지는지 모르겠습니다. 나는 그 움직임을 지독하게 사랑합니다."

"퍽 음탕한 얘기군요."

라고 안은 기묘한 음성으로 말했다. 나는 화가 났다.

그 얘기는, 내가 만일 라디오의 박사 게임 같은 데에 나가게 돼서, '세상에서 가장 신선한 것은?' 이라는 질문을 받게 되었을 때, 남들은 상추니 5월의 새벽이니 천사의 이마니 하고 대답하겠지만 나는 그 움직임이 가장 신선한 것이라고 대답하려니 하고 일부러 기억해두었던 것이었다.

"아니, 음탕한 얘기가 아닙니다."

나는 강경한 태도로 말했다.

"그 얘기는 정말입니다."

"음탕하지 않다는 것과 정말이라는 것 사이엔 어떤 관계가 있죠?"

"모르겠습니다. 관계 같은 것은 난 모릅니다. 요컨대……."

"그렇지만 그 동작은 '오르내린다.'는 것이지 꿈틀거린다는 것은 아니군요. 김형은 아직 꿈틀거리는 것을 사랑하지 않으시구먼."

우리는 다시 침묵 속으로 떨어지는 술잔만 만지작거리고 있었다. 개새끼, 그게 꿈틀거리는 게 아니라고 해도 괜찮다, 하고 나는 생각하고 있었다. 그런데 잠시 후에 그가 말했다.

"난 방금 생각해 봤는데 김형의 그 오르내림도 역시 꿈틀거림의 일종이라는 결론을 얻었습니다."

"그렇죠?"

나는 즐거워졌다.

"그것은 틀림없는 꿈틀거림입니다. 난 여자의 아랫배를 가장 사랑합니다. 안형은 어떤 꿈틀거림을 사랑합니까?"

"어떤 꿈틀거림이 아닙니다. 그냥 꿈틀거리는 거죠. 그냥 말입니다. 예를 들면……, 데모도……."

"데모가? 데모를? 그러니까 데모……."

"서울은 모든 욕망의 집결지입니다. 아시겠습니까?"

"모르겠습니다."

라고 나는 할 수 있는 한 깨끗한 음성을 지어서 대답했다.

그때 우리의 대화는 또 끊어졌다. 이번엔 침묵이 오래 계속되었다. 나는 술잔을 입으로 가져갔다. 내가 잔을 비우고 났을 때 그도 잔을 입에 대고 눈을 감고 마시고 있는 게 보였다. 나는 이젠 자리를 떠나야 할 때가 되었다고 다소 서글픈 기분으로 생각했다. 결국 그렇고 그렇다. 또 한 번 확인된 것에 지나지 않다고 생각하면서, '자, 그럼 다음에 또…….'라고 말할까. '재미있었습니다.'라고 말할까, 궁리하고 있는데 술잔을 비운 안이 갑자기 한 손으로 내 한쪽 손을 살그머니 잡으면서 말했다.

"우리가 거짓말을 하고 있었다고 생각하지 않으십니까?"

"아니오."

나는 좀 귀찮은 생각이 들었다.

"안형은 거짓말을 했는지 모르지만 내가 한 얘기는 정말이었습니다."

"난 우리가 거짓말을 하고 있었던 것 같은 느낌이 듭니다."

그는 붉어진 눈두덩을 안경 속에서 두어 번 끔벅거리고 나서 말했다.

"난 우리 또래의 친구를 새로 알게 되면 꼭 꿈틀거림에 대한 얘기를 하고 싶어집니다. 그래서 얘기를 합니다. 그렇지만 얘기는 5분도 안 돼서 끝나 버립니다."

나는 그가 무슨 얘기를 하고 있는지 알 듯하기도 했고 모를 것 같기도 했다.

"우리 다른 얘기합시다."

하고 그가 다시 말했다.

나는 심각한 얘기를 좋아하는 이 친구를 곯려 주기 위해서 그리고 한편으로는 자기의 음성을 자기가 들을 수 있는 취한 사람의 특권을 맛보고 싶어서 얘기를 시작했다.

"평화 시장 앞에 줄지어 선 가로등들 중에서 동쪽으로부터 여덟 번째 등은 불이 켜 있지 않습니다……."

나는 그가 좀 어리둥절해 하는 것을 보자 더욱 신이 나서 얘기를 계속했다.

"…… 그리고 화신 백화점 6층의 창들 중에서는 그 중 세 개에서만 불빛이 나오고 있었습니다……."

그러자 이번엔 내가 어리둥절해질 사태가 벌어졌다. 안의 얼굴에 놀라운 기쁨이 빛나기 시작했기 때문이다.

그가 빠른 말씨로 얘기하기 시작했다.

"서대문 버스 정거장에는 사람이 서른두 명 있는데 그 중 여자가 열일곱 명이었고 어린애는 다섯 명, 젊은이는 스물한 명, 노인이 여섯 명입니다."

"그건 언제 일이지요?"

"오늘 저녁 일곱 시 십오 분 현재입니다."

"아."

하고 나는 잠깐 절망적인 기분이었다가 그 반작용인 듯 굉장히 기분이 좋아져서 털어놓기 시작했다.

"단성사 옆 골목의 첫번째 쓰레기통에는 초콜릿 포장지가 두 장 있습니다."

"그건 언제?"

"지난 14일 저녁 아홉 시 현재입니다."

"적십자 병원 정문 앞에 있는 호도나무의 가지 하나는 부러져 있습니다."

"을지로 3가에 있는 간판 없는 한 술집에는 미자라는 이름을 가진 색시가 다섯 명 있는데 그 집에 들어온 순서대로 큰 미자, 둘째 미자, 셋째 미자, 넷째 미자, 막내 미자라고 합니다."

"그렇지만 그건 다른 사람들도 알고 있겠군요. 그 술집에 들어가 본 사람은 꼭 김형 하나뿐이 아닐 테니까요."

"아 참, 그렇군요. 난 미처 그걸 생각하지 못했는데, 난 그 중에 큰미자와 하루 저녁 같이 잤는데 그 여자는 다음 날 아침, 일수로 물건을 파는 여자가 왔을 때 내게 빤쓰 하나를 사 주었습니다. 그런데 그 여자가 저금통으로 사용하고 있는 한 되들이 빈 술병에는 돈이 백십 원 들어 있었습니다."

"그건 얘기가 됩니다. 그 사실은 완전히 김형의 소유입니다."

서울, 1964년 겨울 155

우리의 말투는 점점 서로를 존중해 가고 있었다.

"나는……."

하고 우리는 동시에 말을 시작하기도 했다. 그럴 때는 번갈아서 서로 양보했다.

"나도……."

이번에는 그가 말할 차례였다.

"서대문 근처에서 서울역 쪽으로 가는 전차의 도로리가 내 시야 속에서 꼭 다섯 번 파란 불꽃을 튀기는 것을 보았습니다. 그건 오늘 밤 일곱 시 십오 분에 거길 지나가는 전차였습니다."

"안형은 오늘 저녁엔 서대문 근처에서 살고 있었군요."

"예, 서대문 근처에서 살고 있었어요."

"난 종로 2가 쪽입니다. 영보 빌딩 안에 있는 변소 문의 손잡이 조금 밑에는 약 2센티미터 가량의 손톱 자국이 있습니다."

하하하하, 하고 그는 소리내어 웃었다.

"그건 김형이 만들어 놓은 자국이겠지요?"

나는 무안했지만 고개를 끄덕이지 않을 수 없었다. 그건 사실이었다.

"어떻게 아세요?"

하고 나는 그에게 물었다.

"나도 그런 경험이 있으니까요."

그가 대답했다.

"그렇지만 별로 기분 좋은 기억이 못되더군요. 역시 우리는 그냥 바라보고 발견하고 비밀히 간직해 두는 편이 좋겠어요. 그런 짓을 하고 나서는 뒷맛이 좋지 않더군요."

"난 그런 짓을 많이 했습니다만 오히려 기분이 좋았……."

좋았다고 말하려고 했는데, 갑자기 내가 했던 모든 그것에 대한 혐오감이 치밀어서 나는 말을 그치고 그의 의견에 동의하는 고갯짓을 해버렸다.

　그러나 그 때 나는 이상스럽다는 생각이 들었다. 내가 약 30분 전에 들은 말이 틀림없다면 지금 내 옆에서 안경을 번쩍이고 앉아 있는 친구는 틀림없는 부자집 아들이고, 높은 공부를 한 청년이다. 그런데 왜 그가 이래야만 되는가?

　"안형이 부자집 아들이라는 것은 사실이겠지요? 그리구 대학원생이라는 것도……."

내가 물었다.

　"부동산만 해도 대략 삼천만 원쯤 되면 부자가 아닐까요? 물론 내 아버지의 재산이지만 말입니다. 그리고 대학원생이란 건 여기 학생증이 있으니까."

그러면서 그는 호주머니를 뒤적거려서 지갑을 꺼냈다.

　"학생증까진 필요 없습니다. 실은 좀 의심스러운 게 있어서요. 안형 같은 사람이 추운 밤에 싸구려 선술집에 앉아서 나 같은 친구나 간직할 만한 일에 대해서 얘기하고 있다는 것이 이상스럽다는 생각이 방금 들었습니다."

　"그건……, 그건……."

그는 좀 열띤 음성으로 말했다.

　"그건……, 그렇지만 먼저 물어보고 싶은 게 있는데요. 김형이 추운 밤에 밤거리를 쏘다니는 이유는 무엇입니까?"

　"습관은 아닙니다. 나 같은 가난뱅이는 호주머니에 돈이 좀 생겨야 밤거리에 나올 수 있으니까요."

　"글쎄 밤거리에 나오는 이유는 뭡니까?"

　"하숙방에 들어앉아서 벽이나 쳐다보고 있는 것보다는 나으니까요."

　"밤거리에 나오면 뭔가가 좀 풍부해지는 느낌이 들지 않습니까?"

　"뭐가요?"

"그 뭔가. 그러니까 생이라고 해도 좋겠지요. 난 김형이 왜 그런 질문을 하는지 그 이유를 조금은 알 것 같습니다. 내 대답은 이렇습니다. 밤이 됩니다. 난 집에서 거리로 나옵니다. 난 모든 것에서 해방된 것을 느낍니다. 아니, 실제로는 그렇지 않을는지 모르지만 그렇게 느낀다는 말입니다. 김형은 그렇게 안 느낍니까?"

"글쎄요."

"나는 사물의 틈에 끼어서가 아니라 사물을 멀리 두고 바라보게 됩니다. 안 그렇습니까?"

"글쎄요. 좀……."

"아니, 어렵다고 말하지 마세요. 이를테면 낮엔 그저 스쳐지나가던 모든 것이 밤이 되면 내 시선 앞에서 자기들의 벌거벗은 몸을 송두리째 드러내 놓고 쩔쩔맨단 말입니다. 그런데 그게 의미가 없는 일일까요? 그런 사물을 바라보며 즐거워한다는 일이 말입니다."

"의미요? 그게 무슨 의미가 있습니까? 난 무슨 의미가 있기 때문에 종로 2가에 있는 빌딩들의 벽돌 수를 헤아리는 일을 하는 게 아닙니다. 그냥……."

"그렇죠? 무의미한 겁니다. 아니 사실은 의미가 있는지도 모르지만 난 아직 그걸 모릅니다. 김형도 아직 모르는 모양인데 우리 한번 함께 그거나 찾아볼까요. 일부러 만들어 붙이지는 말고요."

"좀 어리둥절하군요. 그게 안형의 대답입니까? 난 좀 어리둥절한데요. 갑자기 의미라는 말이 나오니까."

"아 참, 미안합니다. 내 대답은 아마 이렇게 된 것 같군요. 그냥 뭔가 뿌듯해지는 느낌이 들기 때문에 밤거리로 나온다고."

그는 이번엔 목소리를 낮추어서 말했다.

"김형과 나는 서로 다른 길을 걸어서 같은 지점에 온 것 같습니다. 만일 이 지점이 잘못된 지점이라고 해도 우리 탓은 아닐 거예요."

그는 이번엔 쾌활한 음성으로 말했다.

"자, 여기서 이럴 게 아니라 어디 따뜻한 데 가서 정식으로 한잔씩 하고 헤어집시다. 난 한 바퀴 돌고 여관으로 갑니다. 가끔 이렇게 밤거리를 쏘다니는 밤엔 꼭 여관에서 자고 갑니다. 여관엘 찾아든다는 프로가 내게는 최고죠."

우리는 각기 계산하기 위해서 호주머니에 손을 넣었다. 그때 한 사내가 우리에게 말을 걸어왔다. 우리 곁에서 술잔을 받아놓고 연탄 불에 손을 쬐고 있던 사내였는데, 술을 마시기 위해서 거기에 들어온 것이 아니라 불을 쬐고 싶어서 잠깐 들렀다는 꼴을 하고 있었다. 제법 깨끗한 코트를 입고 있었고 머리엔 기름도 얌전하게 발라서 카바이드 등의 불꽃이 너풀댈 때마다 머리칼의 하이라이트가 이리저리 움직이고 있었다.

그러나 어디선지는 분명하지는 않았지만 가난뱅이 냄새가 나는 서른 대여섯 살짜리 사내였다. 아마 빈약하게 생긴 턱 때문이었을까, 아니면 유난히 새빨간 눈시울 때문이었을까. 그 사내가 나나 안 중의 어느 누구에게라고 할 것 없이 그냥 우리 쪽을 향하여 말을 걸어온 것이었다.

"미안하지만 제가 함께 가도 괜찮을까요? 제게 돈은 얼마 있습니다만……."
이라고 그 사내는 힘없는 음성으로 말했다.

그 힘없는 음성으로 봐서는 꼭 끼어 달라는 건 아니라는 것 같았지만 한편으로는 우리와 함께 가고 싶은 생각이 간절하다는 것 같기도 했다. 나와 안은 잠깐 얼굴을 마주보고 나서,

"아저씨 술값만 있다면……."
이라고 내가 말했다.

"함께 가시죠."

라고 안도 내 말을 이었다.

"고맙습니다."

하고 그 사내는 여전히 힘없는 음성으로 말하면서 우리를 따라왔다.

안은 일이 좀 이상하게 되었다는 얼굴을 하고 있었고, 나 역시 유쾌한 예감이 들지는 않았다. 술좌석에서 알게 된 사람끼리는 의외로 재미있게 놀게 되는 것을 몇 번의 경험으로 알고 있었지만, 대개의 경우, 이렇게 힘없는 목소리로 끼어드는 양반은 없었다. 즐거움이 넘치고 넘친다는 얼굴로 요란스럽게 끼어들어야만 일이 되는 것이었다. 우리는 갑자기 목적지를 잊은 사람들처럼 사방을 두리번거리면서 느릿느릿 걸어갔다.

전봇대에 붙은 약 광고판 속에서는 예쁜 여자가 '춥지만 할 수 있느냐.' 는 듯한 쓸쓸한 미소를 띠고 우리를 내려다보고 있었고, 어떤 빌딩의 옥상에서는 소주 광고와 네온 사인이 열심히 명멸*하고 있었고, 소주 광고 곁에서는 약 광고의 네온 사인이 하마터면 잊어버릴 뻔했다는 듯이 황급히 꺼졌다간 다시 켜져서 오랫동안 빛나고 있었고, 이젠 완전히 얼어붙은 길 위에는 거지가 돌덩이처럼 여기저기 엎드려 있었고, 그 돌덩이 앞을 사람들은 힘껏 웅크리고 빠르게 지나가고 있었다. 종이 한 장이 바람에 휙 날리어 거리의 저 쪽에서 이 쪽으로 날아오고 있었다. 그 종잇조각은 내 발밑에 떨어졌다. 나는 그 종잇조각을 집어들었는데 그것은 '미희 서비스, 특별 염가.' 라는 것을 강조한 어느 비어홀의 광고지였다.

"지금 몇 시쯤 되었습니까?"

하고 힘없는 아저씨가 안에게 물었다.

"아홉 시 십 분 전입니다."

라고 잠시 후에 안이 대답했다.

"저녁들은 하셨습니까? 난 아직 저녁을 안 했는데, 제가 살 테니까

---

* 명멸(明滅) ① 불빛 따위가 켜졌다 꺼졌다 함. 깜박거림.
② (멀리 있는 물체가) 보였다 안 보였다 함.

같이 가시겠어요?"

힘없는 아저씨가 이번엔 나와 안을 번갈아 보며 말했다.

"먹었습니다."

하고 나와 안은 동시에 대답했다.

"혼자서 하시죠."

라고 내가 말했다.

"그만두겠습니다."

힘없는 아저씨가 대답했다.

"하세요. 따라가 드릴 테니까요."

안이 말했다.

"감사합니다. 그럼……."

우리는 근처의 중국 요리집으로 들어갔다. 방으로 들어가서 앉았을 때 아저씨는 또 한 번 간곡하게 우리가 뭘 좀 들 것을 권했다. 우리는 또 한 번 사양했다. 그는 또 권했다.

"아주 비싼 걸 시켜도 괜찮겠습니까?"

라고 나는 그의 권유를 철회시키기 위해서 말했다.

"네, 사양 마시고."

그가 처음으로 힘있는 목소리로 말했다.

"돈을 써 버리기로 결심했으니까요."

나는 그 사내에게 어떤 꿍꿍이속이 있는 것만 같은 느낌이 들어서 좀 불안했지만 통닭과 술을 시켜 달라고 했다. 그는 자기가 주문한 것 외에 내가 말한 것도 사환에게 청했다. 안은 어처구니없는 얼굴로 나를 보았다. 나는 그 때 마침 옆방에서 들려오고 있는 여자의 불그레한 신음소리를 듣고만 있었다.

"이형도 뭘 좀 드시죠."

라고 아저씨가 안에게 말했다.

"아니 전⋯⋯."

안은 술이 다 깬다는 듯이 펄쩍 뛰고 사양했다.

우리는 조용히 옆방의 다급해져 가는 신음소리에 귀를 기울이고 있었다. 전차의 끽끽거리는 소리와 홍수 난 강물 소리 같은 자동차들의 달리는 소리도 희미하게 들려 오고 있었고, 가까운 곳에서는 이따금 초인종 울리는 소리도 들렸다. 우리의 방은 어색한 침묵에 싸여 있었다.

"말씀 드리고 싶은 게 있는데요."

마음씨 좋은 아저씨가 말하기 시작했다.

"들어 주시면 고맙겠습니다⋯⋯. 오늘 낮에 제 아내가 죽었습니다. 세브란스 병원에 입원하고 있었는데⋯⋯."

그는 이젠 슬프지도 않다는 얼굴로 우리를 빤히 쳐다보며 말하고 있었다.

"네에에."

"그거 안되셨군요."

라고 안과 나는 각각 조의를 표했다.

"아내와 나는 참 재미있게 살았습니다. 아내가 어린애를 낳지 못하기 때문에 시간은 몽땅 우리 두 사람의 것이었습니다. 돈은 넉넉하진 못했습니다만 그래도 돈이 생기면 우리는 어디든지 같이 다니면서 재미있게 지냈습니다. 딸기 철엔 수원에도 가고, 포도 철엔 안양에도 가고, 여름이면 대천에도 가고, 가을엔 경주에도 가 보고, 밤엔 함께 영화 구경, 쇼 구경하러 열심히 극장에 쫓아다니기도 했습니다⋯⋯."

"무슨 병환이셨던가요?"

하고 안이 조심스럽게 물었다.

"급성 뇌막염이라고 의사가 그랬습니다. 아내는 옛날에 급성 맹장염 수술을 받은 적도 있고, 급성 폐렴을 앓은 적도 있다고 했습니다만 모두 괜찮았었는데 이번의 급성엔 결국 죽고 말았습니다⋯⋯. 죽고 말았습니다."

사내는 고개를 떨구고 한참 동안 무언지 입을 우물거리고 있었다. 안이 손가락으로 내 무릎을 찌르며 우리는 꺼지는 게 어떻겠느냐는 눈짓을 보냈다. 나 역시 동감이었지만 그 때 사내가 다시 고개를 들고 말을 계속했기 때문에 우리는 눌러앉아 있을 수밖에 없었다.

"아내와는 재작년에 결혼했습니다. 우연히 알게 됐습니다. 친정이 대구 근처에 있다는 얘기만 했지 한 번도 친정과는 내왕이 없었습니다. 난 처가집이 어딘지도 모릅니다. 그래서 할 수 없었어요."

그는 다시 고개를 떨구고 입을 우물거렸다.

"뭘 할 수 없었다는 말입니까?"

내가 물었다.

그는 내 말을 못 들은 것 같았다. 그러나 한참 후에 다시 고개를 들고 마치 애원하는 듯한 눈빛으로 말을 이었다.

"아내의 시체를 병원에 팔았습니다. 할 수 없었습니다. 난 서적 월부 판매 외교원에 지나지 않습니다. 할 수 없었습니다. 돈 4천 원을 주더군요. 난 두 분을 만나기 얼마 전까지도 세브란스 병원 울타리 곁에 서 있었습니다. 아내가 누워 있을 시체실이 있는 건물을 알아보려고 했습니다만 어딘지 알 수 없었습니다. 그냥 울타리 곁에 앉아서 병원의 큰 굴뚝에서 나오는 희끄무레한 연기만 바라보고 있었습니다. 아내는 어떻게 될까요? 학생들이 해부 실습 하느라고 톱으로 머리를 자르고 칼로 배를 찢고 한다는데 정말 그러겠지요?"

우리는 입을 다물고 있을 수밖에 없었다. 사환이 다꾸앙과 파가 담긴 접시를 갖다 놓고 나갔다.

"기분 나쁜 얘길 해서 미안합니다. 다만 누구에게라도 얘기하지 않고서는 견딜 수 없었습니다. 한 가지만 의논해 보고 싶은데, 이 돈을 어떻게 하면 좋을까요? 저는 오늘 저녁에 다 써 버리고 싶은데요."

"쓰십시오."

안이 얼른 대답했다.

"이 돈이 다 없어질 때까지 함께 있어 주시겠어요?"

사내가 말했다. 우리는 얼른 대답하지 못했다.

"함께 있어 주십시오."

사내가 말했다. 우리는 승낙했다.

"멋있게 한번 써 봅시다."

라고 사내는 우리와 만난 후 처음으로 웃으면서 그러나 여전히 힘없는 음성으로 말했다.

중국집에서 거리로 나왔을 때는 우리는 모두 취해 있었고, 돈은 천 원이 없어졌고 사내는 한쪽 눈으로는 울고 다른 쪽 눈으로는 웃고 있었고, 안은 도망갈 궁리를 하기에도 지쳐 버렸다고 내게 말하고 있었고, 나는,

"악센트 찍는 문제를 모두 틀려 버렸단 말야. 악센트 말야."

라고 중얼거리고 있었고, 거리는 영화에서 본 식민지 거리처럼 춥고 한산했고, 그러나 여전히 소주 광고는 부지런히, 약 광고는 게으름을 피우며 반짝이고 있었고, 전봇대의 아가씨는,

"그저 그래요."

라고 웃고 있었다.

"이제 어디로 갈까?"

하고 아저씨가 말했다.

"어디로 갈까?"

안이 말하고,

"어디로 갈까?"

라고 나도 그들의 말을 흉내냈다.

아무 데도 갈 데가 없었다. 방금 우리가 나온 중국집 곁에 양품점의

쇼윈도가 있었다. 사내가 그쪽을 가리키며 우리를 끌어당겼다. 우리는 양품점 안으로 들어갔다.

"넥타이를 골라 가져. 내 아내가 사 주는 거야."

사내가 호통을 쳤다.

우리는 알록달록한 넥타이를 하나씩 들었고, 돈은 6백 원이 없어져 버렸다. 우리는 양품점에서 나왔다.

"어디로 갈까?"

라고 사내가 말했다.

갈 데는 계속해서 없었다. 양품점의 앞에는 귤장수가 있었다.

'아내는 귤을 좋아했다.'고 외치며 사내는 귤을 벌여놓은 수레 앞으로 돌진했다. 3백 원이 없어졌다. 우리는 이빨로 귤껍질을 벗기면서 그 부근에서 서성거렸다.

"택시!"

사내가 고함쳤다.

택시가 우리 앞에 멎었다. 우리가 차에 오르자마자 사내는,

"세브란스로!"

라고 말했다.

"안 됩니다. 소용없습니다."

안이 재빠르게 외쳤다.

"안 될까?"

사내가 중얼거렸다.

"그럼 어디로?"

아무도 대답하지 않았다.

"어디로 가시는 겁니까?"

라고 운전수가 짜증난 음성으로 말했다.

"갈 데가 없으면 빨리 내리쇼."

우리는 차에서 내렸다. 결국 우리는 중국집에서 스무 발자국도 더 벗어나지 못하고 있었다.

거리의 저 쪽 끝에서 요란한 사이렌 소리가 나타나서 점점 가깝게 달려들었다. 소방차 두 대가 우리 앞을 빠르고 시끄럽게 지나쳐 갔다.

"택시!"

사내가 고함쳤다.

택시가 우리 앞에 멎었다. 우리가 차에 오르자마자 사내는,

"저 소방차 뒤를 따라갑시다."

라고 말했다.

나는 귤껍질을 세 개째 벗기고 있었다.

"지금 불구경하러 가고 있는 겁니까?"

라고 안이 아저씨에게 말했다.

"안 됩니다, 시간이 없습니다. 벌써 열 시 반인데요. 좀더 재미있게 지내야죠. 돈은 이제 얼마 남았습니까?"

아저씨는 호주머니를 뒤져서 돈을 모두 털어냈다. 그리고 그것을 안에게 건네 줬다. 안과 나는 헤아려 봤다. 천 9백 원하고 동전이 몇 개, 10원짜리가 몇 장이 있었다.

"됐습니다."

안은 다시 돈을 돌려 주면서 말했다.

"세상엔 다행히 여자의 특징만 중점적으로 내보이는 여자들이 있습니다."

"내 아내 얘깁니까?"

라고 사내가 슬픈 음성으로 물었다.

"내 아내의 특징은 너무 잘 웃는다는 것이었습니다."

"아닙니다. 종삼으로 가자는 얘기였습니다."

안이 말했다.

사내는 안을 경멸하는 듯한 웃음을 띠며 고개를 돌려 버렸다. 그러는 사이에 우리는 화재가 난 곳에 도착했다. 30원이 없어졌다. 화재가 난 곳은 아래층인 페인트 상점이었는데 지금은 미용 학원인 2층에서 불길이 창으로부터 뿜어 나오고 있었다. 경찰들의 호각 소리, 소방차들의 사이렌 소리, 불길 속에서 나는 탁탁 소리, 물줄기가 건물의 벽에 부딪쳐서 나는 소리. 그러나 사람들의 소리는 아무것도 나지 않았다. 사람들은 불빛에 비쳐 무안당한 사람처럼 붉은 얼굴로, 정물처럼 서 있었다.

우리는 발밑에 굴러 있는 페인트 든 통을 하나씩 궁둥이 밑에 깔고 웅크리고 앉아서 불구경을 했다. 나는 불이 좀더 오래 타기를 바랐다. 미용학원이라는 간판에 불이 붙고 있었다. '원' 자에 불이 붙기 시작했다.

"김형, 우린 얘기나 합시다."

하고 안이 말했다.

"화재 같은 건 아무것도 아닙니다. 내일 아침 신문에서 볼 것을 오늘 밤에 미리 봤다는 차이밖에 없습니다. 저 화재는 김형의 것도 아니고 내 것도 아니고 이 아저씨 것도 아닙니다. 우리 모두의 것이 돼 버립니다. 그러나 화재는 항상 계속해서 나고 있는 건 아닙니다. 그러기 때문에 난 화재엔 흥미가 없습니다. 김형은 어떻게 생각합니까?"

"동감입니다."

나는 아무렇게나 대답하며 이젠 '학' 자에 불이 붙고 있는 것을 보았다.

"아니 난 방금 말을 잘못했습니다. 화재는 우리 모두의 것이 아니라 화재는 오로지 화재 자신의 것입니다. 화재에 대해서 우리는 아무것도 아닙니다. 그러기 때문에 난 화재에 흥미가 없습니다. 김형은 어떻게 생각하십니까?"

"동감입니다."

물줄기 하나가 불타고 있는 '학' 으로 달려들고 있었다. 물이 닿은 곳에서는 회색 연기가 피어올랐다. 힘없는 아저씨가 갑자기 힘차게 깡통으로부터 일어섰다.

"내 아냅니다."

하고 사내는 환한 불길 속을 손가락질하며 눈을 크게 뜨고 소리쳤다.

"내 아내가 머리를 막 흔들고 있습니다. 골치가 깨질 듯이 아프다고 머리를 막 흔들고 있습니다. 여보……."

"골치가 깨질 듯이 아픈 게 뇌막염의 증세입니다. 그렇지만 저건 바람에 휘날리는 불길입니다. 앉으세요. 불 속에 아주머님이 계실 리가 있습니까?"

라고 안이 아저씨를 끌어앉히며 말했다. 그러고 나서 안은 나에게 나지막하게 속삭였다.

"이 양반, 우릴 웃기는데요."

나는 꺼졌다고 생각하고 있던 '학'에 다시 불이 붙고 있는 것을 보았다. 물줄기가 다시 그 곳으로 뻗어 가고 있었다. 그러나 물줄기는 겨냥을 잘 잡지 못하고 이리저리 흔들리고 있었다. 불은 날쌔게 '용'을 핥고 있었다. 나는 '미'까지 어서 불붙기를 바라고 있었고 그리고 그 간판에 불이 붙는 과정을 그 많은 불구경꾼들 중에서 나 혼자만 알고 있기를 바랐다. 그러나 그 때 문득 나는 불이 생명을 가진 것처럼 생각되어서, 내가 조금 전에 바라고 있던 것을 취소해버렸다.

무언가 하얀 것이 우리가 웅크리고 앉아 있는 곳에서 불타고 있는 건물 쪽으로 날아가는 것이 보였다. 그 비둘기는 불 속으로 떨어졌다.

"무엇이 불 속으로 날아 들어갔지요?"

내가 안을 들여다보며 물었다.

"예, 뭐가 날아갔습니다."

안은 나에게 대답하고 나서 이번엔 아저씨를 돌아다보며,

"보셨어요?"

하고 그에게 물었다.

아저씨는 잠자코 앉아 있었다. 그 때 순경 한 사람이 우리 쪽으로 달려왔다.

"당신이다."

라고 순경은 아저씨를 한 손으로 붙잡으면서 말했다.

"방금 무엇을 불 속에 던졌소?"

"아무것도 안 던졌습니다."

"뭐라구요?"

순경은 때릴 듯한 시늉을 하며 아저씨에게 소리쳤다.

"내가 던지는 걸 봤단 말요. 무얼 불 속에 던졌소?"

"돈입니다."

"돈?"

"돈과 돌을 손수건에 싸서 던졌습니다."

"정말이오?"

순경은 우리에게 물었다.

"예, 돈이었습니다. 이 아저씨는 불난 곳에 돈을 던지면 장사가 잘 된다는 이상한 믿음을 가졌답니다. 말하자면 좀 돌았다고 할 수 있는 사람이지만 나쁜 짓은 결코 하지 않는 장사꾼입니다."

안이 대답했다.

"돈은 얼마였소?"

"1원짜리 동전 한 개였습니다."

안이 다시 대답했다.

순경이 가고 났을 때 안이 사내에게 물었다.

"정말 돈을 던졌습니까?"

"예."

"모두?"

"예."

우리는 꽤 오랫동안 불꽃이 튀는 탁탁 소리에 귀를 기울이고 있었다. 한참 후에 안이 사내에게 말했다.

"결국 그 돈은 다 쓴 셈이군요……. 자, 이젠 그럼 약속이 끝났으니 우린 가겠습니다."

"안녕히 계십시오."
라고 나도 아저씨에게 작별 인사를 했다.

안과 나는 돌아서서 걷기 시작했다. 사내가 우리를 쫓아와서 안과 나의 팔을 한쪽씩 붙잡았다.

"나 혼자 있기가 무섭습니다."

그는 벌벌 떨며 말했다.

"곧 통행 금지 시간이 됩니다. 난 여관으로 가서 잘 작정입니다."

안이 말했다.

"난 집으로 갈 겁니다."

내가 말했다.

"함께 갈 수 없겠습니까? 오늘밤만 같이 지내주십시오. 부탁합니다. 잠깐만 저를 따라와 주십시오."

사내는 말하고 나서 나를 붙잡고 있는 자기의 팔을 부채질하듯이 흔들었다. 아마 안의 팔에 대해서도 그렇게 했으리라.

"어디로 가자는 겁니까?"

나는 아저씨에게 물었다.

"여관비를 구하러 잠깐 이 근처에 들렀다가 모두 함께 여관으로 갔으면 하는데요."

"여관에요?"

나는 내 호주머니 속에 든 돈을 손가락으로 계산해 보며 말했다.

"여관비라면 내가 모두 내겠으니 그럼 함께 가시지요."

안이 나와 사내에게 말했다.

"아닙니다. 폐를 끼쳐 드리고 싶지 않습니다. 잠깐만 절 따라와 주십시오."

"돈을 빌리러 가는 겁니까?"

"아닙니다. 받아야 할 돈이 있습니다."

"이 근처에요?"

"예, 여기가 남영동이라면."

"아마 틀림없는 남영동인 것 같군요."

내가 말했다.

사내가 앞장을 서고 안과 내가 그 뒤를 쫓아서 우리는 화재로부터 멀어져 갔다.

"빚 받으러 가기에는 시간이 너무 늦었습니다."

안이 사내에게 말했다.

"그렇지만 저는 받아야 합니다."

우리는 어느 어두운 골목길로 들어섰다. 골목의 모퉁이를 몇 개인가 돌고 난 뒤에 사내는 대문 앞에 전등이 켜져 있는 집 앞에서 멈췄다. 나와 안은 사내로부터 열 발짝쯤 떨어진 곳에서 멈췄다. 사내가 벨을 눌렀다. 잠시 후에 대문이 열리고, 사내가 대문 안에 선 사람과 말하는 소리가 들렸다.

"주인 아저씨를 뵙고 싶은데요."

"주무시는데요."

"그럼 주인 아주머니는……."

"주무시는데요."

"꼭 뵈어야겠는데요."

"기다려 보세요."

대문이 다시 닫혔다. 안이 달려가서 사내의 팔을 잡아끌었다.

"그냥 가시죠?"

"괜찮습니다. 받아야 할 돈이니까요."

안이 다시 먼저 서 있던 곳으로 걸어왔다. 대문이 열렸다.

"밤늦게 죄송합니다."

사내가 대문을 향해서 고개를 숙이며 말했다.

"누구시죠?"

대문은 잠에 취한 여자의 음성을 냈다.

"죄송합니다. 이렇게 너무 늦게 찾아와서. 실은……."

"누구시죠? 술 취하신 것 같은데……."

"월부 책값 받으러 온 사람입니다."

하고, 사내는 비명 같은 높은 소리로 외쳤다.

"월부 책값 받으러 온 사람입니다."

이번엔 사내는 문기둥에 두 손을 짚고 앞으로 뻗은 자기 팔 위에 얼굴을 파묻으며 울음을 터뜨렸다.

"월부 책값 받으러 온 사람입니다. 월부 책값……."

사내는 계속해서 흐느꼈다.

"내일 낮에 오세요."

대문이 탁 닫혔다. 사내는 계속해서 울고 있었다. 사내는 가끔 '여보'라고 중얼거리며 오랫동안 울고 있었다. 우리는 여전히 열 발짝쯤 떨어진 곳에서 그가 울음을 그치기를 기다리고 있었다. 한참 후에 그가 우리 앞으로 비틀비틀 걸어왔다. 우리는 모두 고개를 숙이고 어두운 골목길을 걸어서 거리로 나왔다. 적막한 거리에는 찬바람이 세차게 불고 있었다.

"몹시 춥군요."

라고 사내는 우리를 염려하는 음성으로 말했다.

"추운데요. 빨리 여관으로 갑시다."

안이 말했다.

"방을 한 사람씩 따로 잡을까요?"

여관에 들어갔을 때 안이 우리에게 말했다.

"그게 좋겠지요?"

"모두 한 방에 드는 게 좋겠지요."

라고 나는 아저씨를 생각해서 말했다.

아저씨는 그저 우리 처분만 바란다는 듯한 태도로 또는 지금 자기가 서 있는 곳이 어딘지도 모른다는 태도로 멍하니 서 있었다. 여관에 들어서자 우리는 모든 프로가 끝나 버린 극장에서 나오는 때처럼 어찌할 바를 모르고 거북스럽기만 했다. 여관에 비한다면 거리가 우리에게 더 좁았던 셈이었다. 벽으로 나누어진 방들, 그것이 우리가 들어가야 할 곳이었다.

"모두 같은 방에 들기로 하는 것이 어떻겠어요?"

내가 다시 말했다.

"난 지금 아주 피곤합니다."

안이 말했다.

"방은 각각 하나씩 차지하고 자기로 하지요."

"혼자 있기가 싫습니다."

라고 아저씨가 중얼거렸다.

"혼자 주무시는 게 편하실 거예요."

안이 말했다.

우리는 복도에서 헤어져서 사환이 지적해 준, 나란히 붙은 방 세 개에 각각 한 사람씩 들어갔다.

"화투라도 사다가 놉시다."

헤어지기 전에 내가 말했지만,

"난 아주 피곤합니다. 하시고 싶으면 두 분이나 하세요."

라고 안은 말하고 나서 자기의 방으로 들어가버렸다.

"나도 피곤해 죽겠습니다. 안녕히 주무세요."
라고 나는 아저씨에게 말하고 나서 내 방으로 들어갔다. 숙박계엔 거짓
이름, 거짓 주소, 거짓 나이, 거짓 직업을 쓰고 나서 사환이 가져다 놓은
자리끼를 마시고 나는 이불을 뒤집어썼다. 나는 꿈도 안 꾸고 잘잤다.

다음 날 아침 일찍 안이 나를 깨웠다.

"그 양반, 역시 죽어 버렸습니다."

안이 내 귀에 입을 대고 그렇게 속삭였다.

"예?"

나는 잠이 깨끗이 깨어 버렸다.

"방금 그 방에 들어가 보았는데 역시 죽어 버렸습니다."

"역시……."

나는 말했다.

"사람들이 알고 있습니까?"

"아직까진 아무도 모르는 것 같습니다. 우린 빨리 도망해 버리는 게
시끄럽지 않을 것 같습니다."

"자살이지요?"

"물론 그렇겠죠."

나는 급하게 옷을 주워 입었다. 개미 한 마리가 방바닥을 내 발이 있
는 쪽으로 기어오고 있었다. 그 개미가 내 발을 붙잡으려고 하는 것 같
은 느낌이 들어서 나는 얼른 자리를 옮겨 디디었다.

밖의 이른 아침에는 싸락눈이 내리고 있었다. 우리는 할 수 있는 한
빠른 걸음으로 여관에서 떨어져 갔다.

"난 그 사람이 죽으리라는 걸 알고 있었습니다."

안이 말했다.

"난 짐작도 못했습니다."

라고 나는 사실대로 얘기했다.

"난 짐작하고 있었습니다."

그는 코트깃을 세우며 말했다.

"그렇지만 어떻게 합니까?"

"그렇지요. 할 수 없지요. 난 짐작도 못 했는데……."

내가 말했다.

"짐작했다고 하면 어떻게 하겠어요?"

그가 내게 물었다.

"씨팔것, 어떻게 합니까? 그 양반 우리더러 어떡하라는 건지……."

"그러게 말입니다. 혼자 놓아 두면 죽지 않을 줄 알았습니다. 그게 내가 생각해 본 최선의 그리고 유일한 방법이었습니다."

"난 그 양반이 죽으리라고는 짐작도 못 했다니까요. 씨팔것, 약을 호주머니에 넣고 다녔던 모양이군요."

안은 눈을 맞고 있는 어느 앙상한 가로수 밑에서 멈췄다. 나도 그를 따라서 멈췄다. 그가 이상하다는 얼굴로 나에게 물었다.

"김형, 우리는 분명히 스물다섯 살짜리죠?"

"난 분명히 그렇습니다."

"나두 그건 분명합니다."

그는 고개를 한 번 갸웃했다.

"두려워집니다."

"뭐가요?"

내가 물었다.

"그 뭔가가, 그러니까……."

그가 한숨 같은 음성으로 말했다.

"우리가 너무 늙어 버린 것 같지 않습니까?"

"우린 이제 겨우 스물다섯 살입니다."

나는 말했다.

"하여튼……."

하고 그가 내게 손을 내밀며 말했다.

"자, 여기서 헤어집시다. 재미 많이 보세요."

하고 나도 그의 손을 잡으며 말했다.

우리는 헤어졌다. 나는 마침 버스가 막 도착한 길 건너편의 버스 정류장으로 달려갔다. 버스에 올라서 창으로 내다보니 안은 앙상한 나뭇가지 사이로 내리는 눈을 맞으며 무언지 곰곰이 생각하고 서 있었다.

역사

서울에서 하숙을 하고 있는 사람들은 그 수도 꽤 많지만 경우도 가지가지인 모양이다. 그 사람들이 자기가 들어 있는 하숙집에서 보고 듣고 느낀 것을 모두 얘기한다면 신기하고 놀랍고 재미있는 얘기가 헤아릴 수 없이 많겠는데, 여기 옮겨 놓는 얘기도 아마 그런 것들 중의 하나라고나 할까, 내가 언젠가 어느 공원의 벤치에 앉았다가 우연히 말을 주고받게 된, 머리털이 텁수룩한 한 젊은이에게서 들은 것으로서 허풍도 좀 섞인 듯하고 그리고 얘기의 본론과 결론이 어긋나 있는 듯하기도 하지만 그런대로 뭐랄까 상징적인 데도 있는 것 같아서 여기에 들은 그대로를 옮겨 보는 것이다.

내가 눈을 떴을 때 내 코는 벽에 거의 닿을 듯 말 듯했다. 낮잠을 자는 동안 나는 벽에 얼굴을 바짝 대고 있었던 모양이다. 벽은 하얀 회로 발라져 있었고 지나치게 깨끗했다. 내 방은 이렇지 않은데, 하고 나는 어리둥절했다. 남의 집에서 잠이 든 것이었을까. 혹은 '의식을 회복하고 보니 병원이더라.' 라는 경우 속에 있는 것일까 하고 나는 생각했다.

기억, 특히 어렸을 때의 기억이지만, 친척집에 놀러 갔다가 자고 오지 않으면 안되게 된 날 밤은 유난히 곧잘 한밤중에 잠이 깨는 것이고 말똥말똥한 눈으로 천장을 올려다보고 있노라면, 그 집 밖의 가등에 켜진 불빛이 창으로 스며들어와 천장의 무늬들을 희미하게 떠올리는 것이었는데 그러면, 아, 여긴 남의 집이다, 고 깨닫게 되고 우리 집 천장의 무늬를 누운 채 손가락으로 허공에 그려보며 지금 그 무늬 밑에서 잠들어 있을 집안 식구들의 생각에 잠을 이루지 못하고 있다가 동이 트자마자 살그머니 그 친척집을 빠져 나와서 집으로 달려와 버리던 적이 많았었다. 그러나 그건 한밤중의 일이었지만 지금은 대낮이다. 그리고 그건 옛날, 어렸을 때의 일이었지만 지금은 청년이다. 그리고 그건 내 의식 속에서는 이미 추방돼 버린 고향에서의 일이었지만 지금 여기는 서울이다.

나는 천천히 고개를 돌려 천장을 올려다보았다. 천장은 아무런 무늬도 없는 갈색 베니어로 되어 있었다. 무늬가 있다면 파문을 닮은 나뭇결이 겨우 알아볼 수 있을 정도인 것이다. 더구나 천장이 꽤 높았다. 나의 방은 이렇지 않은 것이다. 일어서면 머리를 숙여야 할 정도로 천장이 낮고 거기엔 육각형의 무늬 있는 도배지가 발라져 있는데 그것은 처음엔 푸른색이었던 모양이지만 지금은 빗물이 새어서 만들어진 얼룩 등으로 누렇게 변색되어 있다. 더구나 내 방의 천장은 지금 내가 누워서 보고 있는 천장처럼 팽팽하지도 않고 가운데 부분이 축 늘어져서 포물선을 이루고 있는 것이다. 빈민가의 집들에서만 볼 수 있는 천장. 그렇다, 나의 방은 동대문 곁에 있는 창신동 빈민가에 있는 것이다. 지구가 부서졌다가 다시 생겨난다 해도 그 나의 방은 지금의 이 방처럼 깨끗하지도 못하다. 나는 얼른 고개를 돌려서 좀 전에 내가 코를 대고 낮잠을 자던 하얀 벽을 살펴보았다. 이것이 내 방이라면, 신문지로써 도배된 벽에 볼펜 글씨의 이런 낙서가 분명히 있을 터이다.

"창신동에 사는 사람들은 모두 개새끼들 이외다."

나는 그 낙서가 언제부터 거기에 있었는지 모르지만 나처럼 전에 이 방에 하숙을 들어 있던 사람이, 밖에 비라도 오는 어느 날, 할 일 없이 누웠다가 누운 자세대로 손만을 들어서 적어 놓은 것이라는 상상을 할 수는 있었다. 왜냐하면, 그 방이 (그 방의 밖에서 들려 오는 소음까지 포함해서) 그 방 속에 있는 사람들에게 주는 절망감이라든가 그리고 무엇보다도 자기는 이 넓은 세계 속에서 더럽기 짝이 없는 이 방만을 겨우 차지할 수밖에 없느냐는 자기 혐오에서 그 방 속에 든 사람은 누구나 그런 낙서를 하지 않고서는 배겨나지 못했을 것이기 때문이다. 다시 말해서 그 어떤 사람이 그 낙서를 하지 않았더라면 아마 내가 했을지도 모른다는 것이다. 그래서 나는 그 30년대식의 표현을 사랑했다. 그리고 대가의 문장처럼 믿음직스럽다고 생각하고 있었던 것이다. 지상에 있는 헤아릴 수 없이 많은 방들 중에서 내가 나의 방을 구별해 낼 수가 있다면 그 낙서로써 그럴 수밖에 없을 것이다.

나는 내가 방금 잠이 깬 방의 하얀 회가 발라진 벽을 찬찬히 살펴보았다. 그러나 그 낙서는 없었다. 지나치게 깨끗했다. 그러자 나는 내가 누워 있는 방 전체를 보고 싶어져서 천천히 —— 내가 몸을 돌렸을 때 나는 방 가운데서 무서운 괴물이라도 보지 않을 수 없다는 듯이 천천히 몸을 반대편으로 돌렸다. 물론 괴물 같은 건 없었다. 내가 덮고 있던 홑이불 자락이 내 몸 밑으로 깔렸을 뿐이다.

나는 방 안을 찬찬스럽게 눈으로 더듬었다. 내 오른쪽 벽의 구석진 곳에 다색의 나왕*으로 된 방문이 있다. 내 맞은편 벽에 기대서 책들이 좀 무질서하게 줄을 지어 서 있다. 나를 향하고 있는 책의 등에 적힌 그 책들의 표제를 나는 읽었다. 〈연극 개론〉, 〈비극론〉, 〈현대 희극의 제문

---

* 나왕 용뇌향과의 늘푸른 큰키나무. 또는 그 재목. 빛깔이 곱고 가공하기 쉬워 가구나 장식 재로 널리 쓰임.

제〉, 〈현대 희극의 대사〉, 〈History of drama〉 등. 이것은 내 전공 부분의 책들, 바로 나의 책들이었다. 그리고 핀이 빠졌는지 캘린더가 벽에서 떨어져서 마치 단정치 못한 여자가 주저앉아 있는 듯한 모습으로 방바닥에 널려져 있고 왼쪽 벽 구석 가까이에 잉크병, 노트들, 펜들, 나의 세면 도구, 재떨이, 담배가 몇 가치 빈 '진달래', 찌그러진 성냥통, 그리고 내 기타가 역시 무질서하게 놓여져 있거나 벽에 기대어져 있고 벽의 옷걸이에는 내 옷들이 걸려져 있었다. 모든 것이 나의 소유였다. 그러면 이건 나의 방이다, 라고 나는 생각했다. 그러나 방은, 여기저기 붙어 있어야 할 여자의 나체 사진 한 장도 없이 이렇게 깨끗하고 아담할 리가 없는 것이다. 더구나 밖에서는 아무 소리도 들려오지 않는 것이다. 나는 방바닥에 풀어 놓은 팔목 시계를 보았다. 네 시였다.

오후 네 시라면, 방에서 멀지 않은 시장에서 장사치 여자들의 떠들어 대는 소리, 집 안에서 나는 수돗물 흐르는 소리, 옆방에서 무슨 내용인지는 모르나 들려오는 웅웅거림, 창밖으로 지나가는 기동차의 덜커덕거리는 궤음과 경적의 날카로운 소리가 들려 와야 하는 것이다. 거대한 기계가 돌아가고 그 기계에 수많은 새들이 치여 죽어가는 경우를 상상할 때, 그런 경우에 곁에 서 있는 사람이 들을 수 있는 소리를 나는 듣고 있어야 하는 것이다. 그런데 조용하다. 아무 소리도 없는 것이 이상하다. 마치 여름날 숲 속에 들어앉아 있는 것처럼 조용하다니.

그러자 방 밖에서 마루를 가볍게 걷는 소리가 나고 잠시 후에 피아노 소리가 쾅 울려왔다. 바로 방문의 밖인 듯싶었다.

피아노 소리라니, 이 빈민굴에. 아, 그러자 나는 생각났다. 네 시. 피아노 소리. 이 병원처럼 깨끗한 방. 나는 약 일 주일 전에 창신동의 그 지저분한 방에서 이 깨끗한 양옥으로 하숙을 옮겼던 것이다.

들려오고 있는 곡은 '엘리제를 위하여'였다. 내가 옮아온 뒤의 약 일 주일 동안 매일 오후 네 시에 피아노가 울렸고 그 곡은 '엘리제를 위하여' 였었다. 아마 내가 오기 전에도 네 시에 피아노가 울렸고 그 곡은 '엘리제를 위하여' 였었을 것이다.

나는 그제야 기지개를 켜고 일어나 앉았다. 생각하면 어처구니없는 기억의 단절이었다.

물론 무엇인가를 깜빡 잊어버리는 때가 흔히 있는 법이다. 우스운 얘기지만 심지어 오줌 누는 법을 잊어버린 때도 있었다. 언젠가 어느 다방에 가서(그 다방은 어느 건물의 이층에 있었는데 나는 무슨 생각엔가 잠겨

서 계단을 느릿느릿 걸어 올라갔었다) 다방 문의 밖에 있는 화장실에 들렀을 때였다. 그 때 나는 긴급한 생리적 필요에도 불구하고 어떻게 소변 보는가를 깜빡 잊어버린 것이었다. 나는 몹시 당황했었다. 잠시 후 곧 나는 우선 바지 단추를 끌러야 한다는 습관으로 되돌아올 수 있었지만 여간해선 있을 수 없는 습관의 단절조차 경험했던 건 확실한 얘기다. 아무리 그렇지만 일 주일이 방 하나와 친밀해지는 데는 충분한 시간이라고 나 역시 생각한다. 낮잠에서 깨어났을 때 내가 약 일 주일 전에 이사 온 이 방에서 상당한 시간 동안 생소함을 느꼈던 것은 그 일 주일이란 시간보다도 더 길게 나를 따라다니는 어떤 심리적인 원인 때문이 아니었을까?

내가 이 병원처럼 깨끗한 양옥으로 하숙을 들게 된 것은 나를 꽤 아껴 주는 다정다감한 어느 친구의 호의에서 나온 권유 때문이었다.

언젠가, 밖에서는 비가 뿌리는 날, 창신동의 그 퀴퀴한 냄새가 나고 하루 종일 가야 타블로이드판 크기의 창 하나로 들어오는, 한 움큼이나 될까말까 한 햇빛을 아껴야 하는 내 하숙방에 앉아서, 마침 돈이 떨어져서 그리고 단골술집엔 외상의 빛이 너무 많아서 또 외상을 달라는 염치도 없고 해서 옆방의 영자에게서 빌린 푼돈으로 술 대신 에틸알코올을 사다가 물에 타서 홀짝홀짝 마시며 혼자 취해서 언젠가 내가 내동댕이쳐서 갈래갈래 금이 간 거울 앞에 얼굴을 갖다 대고 찡그려보았다가 웃어 보았다가, 제법 눈물도 흘려 보고 있는데 그 다정한 친구가 찾아왔던 것이다. 그 친구는 내 생활이 그래가지고는 도저히 희망 없는 것이라고, 그리고 내 생활 태도에는 일부러 타락한 자의 그것을 닮으려는 점이 엿보인다고 진심으로 걱정해 주며, 빈민가에서의 그렇게 무질서하고 퇴폐적인 생활과 질서가 잡히고 규칙적인 또 한쪽의 생활과의 비교도 재미있지 않겠느냐고 나를 타이르는 식으로 얘기하며, 자기 친척 중에서 퍽 가풍이 좋은 집안이 하나 있는데 거기에 자기가 나의 하숙을 부탁해 보고 싶다는 것이었다. 고마운 얘기일 수밖에 없었다. 사실 나 자신도 나의 무궤도하고 부랑아 같은 생활 태도를 비록 내 천성의 게으름과 가난한 자들의 특징인 금전의 낭비벽, 그리고 이제는 돌아갈 고향도 없이 죽는 날까지 이 서울에서 내 힘으로 살아가야 한다는 절망감에다가 핑계를 대고 변명해 보려 했지만 아직 젊다는 이유 하나만으로써도 내 생활 태도 개선의 가능은 충분하다는 점에 생각이 미치면 나도 나 자신의 기만을 인정치 않을 수 없곤 했던 참이라 그 친구의 의견을 고맙다고 할 수밖에 없었다. 그러나 그 무렵에 나는 돈에 퍽 쪼들리고 있었으므로 당장 그 친구의 의견을 좇을 수는 없게 되었었다. 버스 탈 돈마저 떨어져서 매일 방에 틀어박힌 채 희곡 습작이나 하고 있을 때였다.

그리고 오래 후, 다행히 어느 쇼 단에 촌극용 코미디 각본이 몇 편 팔리고 거기서 생긴 수입이 꽤 되었으므로 오랫동안 내심 일종의 간절한 욕망으로서 계획해오던 이 건을 역시 그 친구의 권유를 따라서 실행한 것이 약 일 주일 전인 것이었다. 그리고 매일 오후 네 시가 되면 나는 '엘리제를 위하여'를 듣게 되었다. 피아노는 이 집의 며느리가 치는 것이었다. 이 집의 식구의 구성은 '할아버지'로 불리는 키가 작고 마른 편인 영감과 '할머니'로 불리는 역시 키가 작고 마른 편인 노파, 어느 대학에 물리학 강사로 나가는 아들과 그 부인인 '며느리', 대학 강사의 여동생인 여고생, 대학 강사의 세 살 난 딸, 그리고 식모로 되어 있었다. 할아버지는 나를 이 집으로 데려다 준 친구의 큰아버지뻘이라 했고 말하자면 나의 생활 태도를 바꾸어놓겠다는 책임을 진 분이었다.

나는 내가 이사를 온 첫날 저녁, 할아버지 앞에 불려 나가서 들은 얘기를 지금도 기억한다. 그것은 일종의 오리엔테이션이었다. 몇 가지 나의 가족 관계에 대해서 묻고 나서, 할아버지는 갑자기, 내가 6·25 때는 몇 살이었느냐고 물었다. 정확한 나이는 얼른 계산이 되지 않아서,

열 살이었던가요 하고 내가 우물쭈물 대답하자, 할아버지는 아마 그럴 거라고 하며 사변이 남겨 놓고 간 것이 무엇인 줄을 모르겠군 하고 말했다. 그래서 나는, 사변 전에 있었던 것에 대해서는 알 수가 없고, 있다고 해도 어린아이로서의 기억밖에는 가지고 있지 않으므로 무엇이 사변 후에 더 보태지고 없어진 것인지는 모르겠다고 솔직히 대답했다. 그러자 할아버지는 고개를 끄덕이고 나서 그것은 가정의 파괴라고 한마디로 얘기했다. 그렇게 말하는 투가 마치 내가 나쁜 일을 해서 책망이라도 한다는 것처럼 단호하고 험악했기 때문에 나는 정말 죄를 지은 기분이 되어 꿇어앉았던 자세를 더욱 여미었다. 그리고 오랫동안, 정말 오랫동안 나는 이사를 한다는 흥분과 긴장과 피로 속에서 하루를 보내었기 때문에 졸음이 퍼붓는 걸 참아가며 할아버지의 관이랄까 주의랄까를 들었다.

그것은, 혼미 가운데서 들은 것을 두서가 없는 대로 요약한다면 다음과 같았다. 가풍이 없는 가정은 인간들의 모임이 아니다. 가풍이란 질서 정신에 의해서 성립되어야 한다. 우리 나라의 가정은 사변 때 식구들의 생사조차 서로 모를 정도로 파괴되었다. 그래서 더욱 가정의 귀중함을 알았지 않느냐. 그러니 질서 정신에 입각해서 각기 가정은 가풍을 만들어가야 한다. 그리하는 데 장애가 아주 많은 게 우리들이 처한 현실이다. 그럴수록 우리는 지나치다 할 정도로 자신들에게 엄격해야 한다. 대강 이런 것이었다.

가풍. 내게는 낯설기 짝이 없는 단어였지만 며칠 동안에 나는 그 말의 개념이 아니라 바로 그의 실체를 온몸에 느끼게 되었다. '규칙적인 생활 제일주의'가 맨 먼저 나를 휘감은 이 집의 가풍이었다.

아침 여섯 시에 기상. (그러나 나의 경우는 자발적인 기상이 아니라 할아버지가 차를 끓여가지고 손수 들고 와서 나를 깨우고 그 차를 마시게 하고 내가 무안함에 가슴을 두근거리며 황급히 옷을 주워 입으면 아침 산보를 시키는 것이었다. 그래서 나는 수면 부족으로 좀 자유로운 낮에 늘 낮잠이었다. 그러나 그 집 식구들은 심지어 세 살 난 어린애마저도 그 규칙을 지키고 있는 모양이었다.) 아침식사. 출근 혹은 등교. 할아버지도 어느 회사에 중역으로 나가고 있었으므로 집에 남는 건 할머니와 며느리, 어린애와 식모, 그리고 노곤한 몸을 주체하지 못하는 나뿐이었다. 그동안 나는 오전 열 시경에 며느리와 할머니가 놀리는 미싱 소리를 쭉 듣게 되고, 열두 시경에 라디오에서 나오는 음악을 듣고, 오후 네 시엔 '엘리제를 위하여'를 듣게 된다. 오후 여섯 시 반까지는 모든 식구가 집에 와 있어야 하고 저녁 식사. 식사가 끝나면 십여 분 동안 잡담. 그게 끝나면 모두 자기 방으로 가서 공부. 그리고 식모가 보리차가 든 주전자와 컵을 준비해서 대청마루 가운에 있는 탁자 위에 놓는 달그락 소리가 나면 그때 시간은 열 시 오륙 분 전. 그 소리가 그치면 여러 방의 문이 열리고 식구들이 모두 나와서 물 한 컵씩을 마시고 '안녕히 주무십시오.'를 한 차례 돌리고 잠자리로 들어간다. 세상에 이런 생활도 있었나 하고 나는 놀라지 않을 수 없었다. 식구 중 누구 한 사람 얼굴에 그늘이 있는 사람은 없었다. 나로서는 상상도 하지 못하던 세계에 온 것이었다. 동대문이 가까운 창신동 그 빈민가의 내가 들어 있었던 집의 식구들을 생각하지 않을 수 없는 이 정식의 생활.

내가 간혹 이 양옥의 식구들의 얼굴을 생각해 보려 할 때면, 물론 대하는 시간이 적었던 탓도 있겠지만 그보다는 차라리 아마 낮잠에서 깨어났을 때 내가 지금 있는 방에 대해서 생소감을 느끼던 그런 알 수 없는 이유로써 나는 이 집 식구들의 얼굴을 덮어 누르고 보다 명료하게 떠오르는 창신동 식구들의 얼굴 때문에 적지 않게 괴로워 했다.

내가 들어 있던 집은 판자를 얽어서 만든 형편없이 작은 집이었지만 방은 다섯 개나 되었다. 따라서 겨우 한두 사람이 들어가 누우면 꽉 차 버리는 방들이란 건 말할 필요도 없다. 그 중에서도 좀 넓고 채광도 좋다는 방을 주인 식구가 차지하고 있고 그 방보다는 못하지만 나머지 세 개에 비하면 빗물도 새지 않을 정도의 방은 방세 지불이 정확한 영자라는 창녀가 들어 있었다. 그리고 유리창이 —— 그 유리창이란 게 금이 가고 종이가 오려 발라지고 더러웠지만 이 집에서는 유일한 유리창이었다 —— 달린 방에는 오십쯤 나 보이는 깡마르고 절름발이인 사내가 열 살 난, 열 살이라고는 하지만 영양 실조 등으로 볼이 홀쭉하고 머리만 커다랗지 몸은 대여섯 살 난 애들보다 더 작고 말라비틀어진 딸을 데리고 살고 있었다. 그리고 나머지 방들 중에서 한 방을 사십대의 막벌이 노동자 서씨가 그리고 한 방을 내가 차지하고 있었다.

내가 이 양옥으로 와서 그리고 이제는 진절머리가 나기 시작한 '엘리제를 위하여'를 피아노로 치고 있는 며느리에 대한 이 집 할아버지의 배려에 관하여 알게 되었을 때 맨 먼저 생각난 것이 창신동 그 판잣집의 절름발이 사내와 그의 말라비틀어진 딸이었다.

할아버지는 피아노 소리를 무척 싫어하지만, 그러나 여학교 시절에 피아노 치는 걸 배워 두었다는 며느리의 손가락을 굳어 버리게 할 수는 없다고 생각했었다. 굳어 버리게 하다니, 그건 할아버지의 교양이 도저히 허락할 수 없는 것이었던 모양이다. 그래서 며느리가 피아노를 대할 수 있는 시간도 이 양옥의 규칙적인 생활 속에 끼일 수 있었던 것이다. 여고에 다니는 딸에 대해서도 비슷한 태도가 아닌가고 나는 생각했다. 저녁 식사 후, 공부 시간이 되면 그 여고생은 자기 방으로 간다. 그리고 열 시가 되면 식모가 끓여다 놓은 보리차를 마시기 위해서 대청마루로 나온다. 그 동안은 공부를 하고 있는 걸로 되어 있다.

그렇지만 저 창신동의 절름발이 사내는 어떻게 그의 딸을 교육시켰던가. 나는 그 절름발이 사내가 자기의 어린 딸을 꿇어앉혀 놓고 있는 것을 그 방 앞을 지날 때마다 유리창을 통하여 볼 수 있었다. 내가 그 방 앞을 지나칠 때면 거의 항상 그 풍경을 볼 수 있기 때문에 그 빼빼 마른 계집애가 자기 아버지 앞에 꿇어앉아 있지 않은 시간은 언제인지 알 수 없었다. 밥을 지으러 나올 때거나 수도에서 물을 길어 몸을 한쪽으로 기울이고 비척거리며 걸어갈 때 외에는 항상 꿇어앉아 있었다고 보아야 할 것이다. 유리창이 막혀 있기 때문에 그 안에서 절름발이는 무슨 얘기를 자기 딸에게 들려 주고 있는지 모르지만 그는 쉴 새 없이 입을 놀려 말을 하고 있는 것이었다. 항상 종이와 연필이 계집애 앞에 놓여 있는 걸 보아서 아마 그건 수업 시간인 모양이었다. 절름발이 곁에는 항상 긴 버드나무의 회초리가 놓여 있었다. 그리고 그 회초리의 매질이 계집애의 몸 위에 퍼부어지지 않는 날을 거의 볼 수가 없었다. 절름발이는 미친 사람처럼 계집애에게 매를 내리는 것이었다. 그러면 계집애는 이제 단련이 된 듯이 그 다섯 살짜리 아이들보다 가냘픈 손으로 머리를 감싸기만 한 채 눈물 한 방울 흘리지 않고 입 한 번 벌리지 않은 채 묵묵히 자기 몸 위에 퍼부어지는 매를 견디어 내고 있는 것이었다. 물론 그 어둑시근한 방 속에서 절름발이는 무엇을 가르쳤고 그의 딸은 무엇을 배우고 있었는지 그 내용을 나는 끝내 알지 못하고 말았다. 다만 나는 언젠가, 밤이 깊어서, 내가 변소에 갔을 때 설사병이 났는지 그 계집애가 변소에 앉아서 똥물을 좔좔 쏟고 있고 변소 문에 몸을 구부정하게 기대고 절름발이가 성냥을 계속해서 켜대며 근심스런 얼굴로 그의 딸을 지켜보고 있던 광경으로 미루어보아서 그 유리창이 달린 어둑신한 방에서 베풀어지는 교육이 결코 엉뚱한 것은 아니라는 생각만을 내 멋대로 할 수 있었다. 영자라는 창녀의 얼굴도 여간 또렷하게 나의 기억 속을 차지하고 있는 게 아니었다.

내가 그 집 앞에 붙은 '하숙인 구함.' 이라는 종잇조각을 발견하고 주인을 만나러 들어갔을 때, 수도에서 발을 씻다가, 아줌마 하숙 구하는 사람 한 명 왔어요, 라고 안에다 대고 소리를 지르던 게 바로 영자였다.

그 집에 내가 하숙을 든 뒤부터, 얼굴이 동글동글하고 눈이 가느다란 영자는 자기 나이가 열아홉이라고 나를 오빠라 불렀었다. 내가 그 집에 하숙을 정한 후 며칠 사이에 영자의 선천적인 재능에 의해서 나도 금방 친밀감을 느낄 수가 있었다. 왼손 팔목에 있는 검붉은 색의 지렁이 같은 흉터를 내보이며, 이게 뭔 줄 아우 오빠? 하고 묻고 나서 한숨을 푹 쉬며, 옛날에 나 죽어 버리려구 칼로 여길 끊었다우, 그런데 죽지 않고 요 고생이야, 하며 눈물조차 살짝 비치던 영자에게 나는 담배를 얻어 피우는 등 은혜를 많이 입었었다. 영자는 내가 연극 공부를 하고 있다는 걸 알고 나서부터는 걸핏하면, 오빠가 유명한 사람이 되면 나도 배우로 써줘 응? 하고 어리광을 부려오곤 했었다. 언젠가 '미스 코리아' 선발 대회가 있던 날 신문에서 화관을 머리에 얹고 이브닝드레스를 입은 당선자들의 사진을 보고 나더니 나와 주인 아주머니더러 심사 위원이 되어달라고 하며 자기 방에 들어가서, 아마 아껴 간직해 두었던 것

인 듯싶은 분홍색의 한복을 단정하게 입고 나와서 그 집의 좁은 마당을 천천히 거닐며 한 손을 들고, 합격예요? 라고 묻다가 갑자기 웃음을 터뜨리며, 난 미스가 아닌걸요 네? 라고 말하고 나서, 그 날은 하루 종일 신경질을 부리던 영자. 또 언젠가는 어디서 알았는지, 광화문께에 엄청나게 잘 알아맞히는 성명 철학자가 한 사람 있다는데 같이 가보지 않겠느냐고 나를 조르는 것이었다. 그건 다 엉터리 수작이라고 내가 얘기하자 절대로 그렇지 않다고 화를 내며, 지금 가지고 있는 이름이 나쁘다고 판단되면 좋은 이름으로 고쳐 준다고, 그러면 아주 행복한 사람이 될 수 있다고 마치 자기가 그 성명 철학자인 것처럼 주장하는 것이었다. 여러 날을 두고 졸리던 끝에 할 수 없이 내가 그럼 같이 가보자고 나서자 영자는 금방 시무룩해지며, 그렇지만 그 사람은 이름만 가지고도 지금의 신분을 딱 알아맞힌다는데 여러 사람이 있는 데서 갈보라고 해 버리면 좀 얘기가 곤란해지겠다고 하며 발뺌을 하는 것이었다. 나도 그럴듯하게 생각되어서, 그럼 그만두자고 해 버렸지만 미련은 남았는지 그 후로도 영자는 곧잘 그 성명 철학자 얘기를 꺼내곤 했었다. 내가 이 양옥으로 이사를 한다는 날도 영자는, 오빠더러 내 이름을 가지고 가서 좀 알아봐 달라고 부탁하려 했더니, 하며 섭섭해하였었다.

'엘리제를 위하여'의 피아노 소리는 이제 며느리의 허밍까지 어울려서 절정에 도달하고 있었다. 며느리의 허밍이 시작되었으니 잠시 후엔 피아노 소리도 그칠 것이다. 경험으로서 나는 그걸 알고 있었다. 나는 다시 몸을 눕혔다.

'창신동에 사는 사람들은 모두 개새끼들이외다.' 라는 30년대식 표현의 낙서가 적혀 있는 그 방, 그리고 그 집에 살던 사람들은 이 피아노가 둥둥거리는 집에서 생각하면 너무나 먼 곳에 있는 것이었다. 그 곳은 버스 하나를 타면 곧장 갈 수 있다는 평범한 가능성마저를 송두리째 말살시켜 버리는 간격의 저 쪽에 있었다. 일 주일이란 보수를 치르고도 여전히 이 하얀 방에 대하여 서먹서먹한 느낌이 드는 것은 그 측량할 길 없는 간격을 내가 아무런 준비도 하지 못한 채 갑자기 건너뛰었기 때문이 아니었을까. 나도 아주 어렸을 적엔 이런 생활 속에서 자라나고 있었던지 어쩐지는 모르지만 내 기억이 회답하는 한 이양옥 속의 생활은 지나치게 낯선 것이었다.

창신동 그 집의 나머지 한 사람 서씨라는 중년 사내의 얼굴이 떠오를 때면 더욱 그러하였다.

빈민가에 저녁이 오면 공기는 더욱 탁해진다. 멀리 도시 중심부에 우뚝우뚝 솟은 빌딩들이 몸뚱이의 한편으로는 저녁 햇빛을 받고 다른 한편으로는 짙은 푸른색의 그림자를 길게길게 눕힌다. 빈민가는 그 어두운 빌딩 그림자 속에서 숨쉬고 있었다.

교과서의 직업 목록 속에서는 찾아볼 수 없는 가지가지의 일터에서 사람들이 땀이 말라 끈적거리는 얼굴을 손으로 부비며 돌아오고, 이 마을에 들어서면 그들의 굳어졌던 얼굴들이 풍선처럼 펴진다. 웃통을 벗은 사내들은 모여 서서 쉴 새 없이 떠들고 아이들은 자기들 집과 집의 처마를 스칠 듯이 지나가는 기동차의 뒤를 쫓아 환호를 올리며 달린다. 아낙네들은 풍로를 밖으로 내놓고 그 위에 얹은 냄비 속에 요리책에는 없는, 그들의 그때그때의 사정이 허락하는 신기한 요리 재료를 끓인다. 이 냄비와 저 냄비 속에서 끓고 있는 음식은 나라와 나라 사이의 풍토보다도 더 다르다. 마치 마귀 할멈이 냄비 속에 알지 못한 재료를 넣고 마약을 끓여내듯이 그네들도 가지가지의 마약을 끓이고 있는 것이다.

빈민가의 저녁은 소란하기만 하다. 취해서 돌아온 사내는, 기부운, 하고 비명 같은 소리를 지르고 자기가 번 그 날의 품삯을 내보이며 친구들을 끌고 술집으로 간다. 그러면 그 뒤로 그 사내의 아낙이 쫓아와서 사내의 손에서 돈을 빼앗아 쥐고 주먹을 휘둘러 보이며 집 안으로 사라지고 그러면 뒤에 남은 사람들은 싱글싱글 웃으며 노해서 고래고래 소리 지르는 그 사내를 달랜다. 빈민가 가까이 있는 시장에서 생선의 비린 냄새가 물씬물씬 풍겨오고 도시의 중심부에서 바람에 불려온 먼지가 내려앉고 여기저기 노점에 가물가물 카바이트 불이 켜지는 시각이 되면 사내들은 마치 그것들을 피하기라도 하려는 듯이 자기들의 키보다 낮은 술집으로 몰려든다.

나도 그 곳에 하숙을 정하고 나서부터 매일 저녁때면 술집으로 걸어 갔다. 흙탕물 속의 기포처럼 그 어수선한 마을에서 술집들만은 맑고 조용했다. 물론 사내들은 떠들며 얘기하고 혹은 코피를 흘리며 싸움을 하곤 하는 것이지만 그것이 거리에서가 아니라 술집 안에서 일어나는 경우엔 왜 그렇게 맑은 것으로 보이는지 나는 알 수 없었다.

내가 단골처럼 드나드는 곳은 '함흥집'이라는, 함경도에서 왔다는 노파가 경영하는 술집이었다. 긴 의자의 한쪽 끝에 자리를 잡고 주모가 따라 주는 술잔을 받아 마시며 나는 술보다는 그 술집의 분위기에 마음을 빼앗기고 있었다. 사람을 사귀려는 생각은 아예 없었으므로 나는 항상 혼자 그렇게 앉아 있었다. 꽤 오랜 시간이 지나고 술도 알맞게 취했다고 생각되면 나는 셈을 하고 (외상으로 하는 날이 더 많았지만) 그 바라끄 밖으로 나왔다. 그리고 고개를 쳐들면, 저만치서 관광객들을 위하여 형광의 조명을 한 동대문이 그의 훤한 모습을 밤하늘에 도사려 보이고 있는 것이었다. 지금도 눈앞에 보이는 듯하다, 밤의 동대문 모습이.

그 곳에 자리 잡은 지 얼마 되지 않은 어느 날 저녁, 역시 내가 긴 의자의 한쪽 끝을 차지하고 누런 술을 내려다보며 앉아 있는데 내 곁에 어떤 사람이 털썩 주저앉더니 주모에게 술을 청하고 나서 내 등을 툭 치며 말을 건네는 것이었다. 사십쯤 나 보이는, 턱에 수염이 짙고 커다란 몸집에 해진 군용 작업복을 입고 있는 그 사내는, 영자가 있는 집에 새로 들어온 젊은이가 아니냐고 내게 묻는 것이었다. 그렇다고 했더니 그 사내는 퍽 사람 좋게 웃으면서 자기도 그 집에 방을 빌려 들고 있는 사람인데 인사가 그리 늦을 수가 있느냐고 하며 자기를 서씨라고 불러 달라고 했다. 같은 집에 있으면서도 그 서씨가 아침 일찍 나가고 저녁에는 내가 늦게 들어가는 셈이었기 때문에 그 때까지 나는 서씨라는 사람이 그 집에 들어 있다는 걸 알고 있지 못했지만 그는 용케 나를 보았고 그리고 기억해 두고 있었던 모양이다. 서씨를 알게 된 것은 그렇게 해서였다. 술잔이 오고 가는 동안 나도 말이 하고 싶어져서, 고향이 어디십니까, 가족은 어디 계십니까, 무슨 일을 하고 계십니까 하고 좀 귀찮아할 정도로 서씨에게 물어 대었다. 그러나 서씨는 별로 귀찮아하지도 않고 고향은 함경도, 6·25 때 단신 월남, 지금은 공사장 같은 데서 힘을 팔고 있다고 고분고분 들려 주었다.

그 후로 나는 거의 매일 그 서씨와 함께 '함흥집' 엘 드나들게 되었다. 그는 사귈수록 착한 사람의 전형이었다. 굵게 쌍꺼풀진 눈매는 가난한 사람답지 않게 빛나고 있어서 차라리 보는 사람에게 열등감을 줄 정도지만 그는 그 눈으로써 상대편에게 친밀감을 나타낼 줄도 알았다. 영리해 보이지는 않고 오히려 행동이며 머리 돌아가는 건 그 반대인 듯했다. 두터운 입술 사이를 비집고 나오는 듯한 그의 함경도 사람답지 않게 느린 말씨가 더욱 그것을 증명해 주었다.

그는 주량이 놀라울 정도로 컸다. 그는 곧잘, 자기가 버는 돈은 아마 모두 이 술집으로 들어갈 거라고 하며 그리고 그건 좋은 일이 아니겠느냐고 말하며 너털웃음을 웃곤 했다. 그의 술버릇은 대단히 좋아서 취하면 떠들어 대는 건, 서씨에겐 어린애로나밖에 보이지 않을 이 쪽이었다. 술이 취해서 그와 어깨동무를 하고 —— 그의 키가 아주 컸기 때문에 나는 그의 허리를 껴안은 셈이 되지만 —— 비틀거리며 밖으로 나오면 그는 어두운 밤하늘을 배경으로 하고 훤한 모습으로 솟아 있는 동대문을 향하여 한 눈을 찡긋거려 눈짓을 보내곤 했다.

서씨는 밤에 보는 동대문이 좋으냐고 물으면, 아니 젊은이도 저 동대문을 좋아하느냐고 오히려 되물어 왔다. 낮에는 거기서 귀신이라도 나올 것 같기 때문에 기분 나쁘지만 형광빛의 조명을 받고 있는 밤에는 참 아름다워서 좋다고 내가 대답하면, 자기는 좀 별다른 의미로 동대문을 사랑하고 있다고 말했다. 자기와 동대문은 퍽 친하다는 것이었다. 마치 어떤 살아 있는 사람과 친하듯이 친하다고 했다. 나는 그 말이 무엇을 의미하는지를 다음과 같이 하여 알게 되었다.

　그 날 밤도 술집에서 돌아와서 서씨는 자기 방으로 가고 나도 내 방으로 돌아와서 옷을 입은 채 이불 위로 쓰러져 잠이 들어 있는데, 몇 시쯤 됐을까, 누가 나를 흔들어 깨우는 것이었다. 서씨였다. 서씨의 입에서 여전히 단 냄새는 나고 있었으나 그래도 술은 깬 모양이었다. 나는, 지금 몇 시쯤 됐느냐고 물었더니, 자기도 잘 모르지만 아마 새벽 두 시나 세 시쯤 됐을 거라고 대답하며 보여 줄 게 있으니 나더러 자기를 조용히 따라오라고 말했다. 마치 보물을 캐러 가는 소년들이 비밀을 얘기하는 속삭임과 같은 그런 말투였다. 나는 그의 그러한 기세에 눌려 오히려 내가 쉬쉬해가며 그를 따라서 밖으로 나섰다. 골목에는 가로등이 켜져 있었다. 우리는 일부러 어두운 곳만을 골라서 몸을 숨겨가며 걸었다. 도중에 내가 지금 우리는 어디로 가고 있느냐고 물었더니 그는 동대문이라고 대답했다. 통행 금지가 되어 있는 이 시간에, 가로등만이 거리를 지키고 있는 이 시간에 서씨가 나와 함께 동대문에 갈 필요는 무엇인지. 나는 의혹과 불안에 눈알을 동글동글 굴리면서도 얌전하게 그를 따라서 고양이 걸음을 하고 있었다.

　잠시 후에 우리는, 한길 저편에, 기왓장 하나하나까지도 셀 수 있을 만큼 밝은 조명을 받고 있는 동대문이 서 있는 곳까지 와서 골목에 몸을 숨겼다. 서씨는 사방을 두리번거리며 살펴보고 나서 우리 외에는 아무도 없다는 걸 알아내자 나에게, 이 골목에 가만히 숨어서 자기가 지금부터 하는 일을 구경해 달라고 말했다. 내가 숨을 죽이고 침을 꿀꺽 삼키면서 그러마고 고갯짓으로 대답하자 그는 히쭉 한 번 웃고 나서 재빠르게 이제까지 내가 알고 있던 사람이 아닌 전연 다른 사람처럼 날랜 몸짓으로 한길을 가로질러 달려가서 동대문 성벽 밑의 그늘에 일단 몸을 숨기고 좌우를 살피고 있었다.

　동대문의 본건물은 집채만한 크기의 돌로 된 축대 위에 세워져 있는 것인데 축대의 높이는 육 미터 남짓 되어 보이고 그 축대에서 시작되어 역시 커다란 돌이 쌓여 이루어진 성벽이 건물을 반원형으로 둘러싸고 있다. 그 성벽을 서씨는 마치 곡예단의 원숭이가 장대를 타고 올라가듯이 익숙하고 민첩한 솜씨로 올라갔다. 푸른 조명을 받으며 서씨가 성벽을 기어올라가는 그 광경은 나로 하여금 신비한 나라에 와서 거대한 무대 위의 장엄한 연극을 보는 듯한 감동을 느끼게 하는 것이었다. 단 하나의 넓은 빛살이 펼쳐지고 그 빛에 의해서 풍경이 탄생하여 오만한 마음을 가진 양 흔들리지 않고 정립해 있는데 그것을 향하여 어쩌면 호소하는 듯한 어쩌면 도전하는 듯한 어쩌면 그것의 손짓에 응하는 듯한 몸짓으로 몸의 온갖 근육을 움직이며 성벽을 기어오르고 있는 그 사람은 문득 나에게 전율조차 느끼게 했다.

　이윽고 서씨의 몸은 성벽의 저 너머로 사라져버렸다. 그리고 잠시 후에 나는 더욱 놀라운 광경을 보게 되었다. 서씨가 성벽 위에 몸을 나타내고 그리고 성벽을 이루고 있는 커다란 금고만한 돌덩이를 그의 한 손에 하나씩 집어서 번쩍 자기의 머리 위로 치켜올린 것이었다. 지렛대나 도르래를 사용하지 않고서는 혹은 여러 사람이 달라붙지 않고서는 들어올릴 수 없는 무게를 가진 돌을 그는 맨손으로 들어올린 것이었다. 그는 나에게 보라는 듯이 자기가 들고 서 있는 돌을 여러 차례 흔들어 보이고 나서 방금 그 돌들이 있던 자리를 서로 바꾸어서 그 돌들을 곱게 내려놓았다.

나는 꿈 속에 있는 기분이었다. 고담같은 데서 등장하는 역사만은 나도 인정하고 있는 셈이지만 이 한밤중에 바로 내 앞에서 푸르게 빛나는 조명을 온몸에 받으며 성벽을 디디고 우뚝 솟아 있는 저 사내를 나는 무엇이라고 이름 붙여야 할지 몰랐다.

역사, 서씨는 역사다, 하고 내가 별수 없이 인정하며 감탄이라기보다는 차라리 그 귀기에 찬 광경을 본 무서움에 떨고 있는 동안에 그는 어느새 돌아왔는지 유령처럼 내 앞에서 자랑스러운 웃음을 소리 없이 웃고 있었다.

서씨는 역사였다. 그 날 밤 나는 집으로 돌아와서 이제까지 아무에게도 들려 주지 않았다는 서씨의 얘기를 들었다.

그는 중국인의 남자와 한국인의 여자 사이에서 난 혼혈아였다. 그의 선조들은 대대로 중국에서 이름 있는 역사들이었다. 족보를 보면 헤아릴 수 없이 많은 장수가 있다고 했다. 그네들이 가졌던 힘, 그것이 그들의 존재이유였고 유일한 유물이었던 모양이었다. 그 무형의 재산은 가보로서 후손에게 전해졌다. 그것으로써 그들은 세상을 평안하게 할 수 있었고 자신들의 영광도 차지할 수 있었다. 그러나 이 서씨에 와서도 그 힘이 재산이 될 수는 없었다. 이제 와서 그 힘은 서씨로 하여금 공사장에서 남보다 약간 더 많은 보수를 받게 하는 기능밖에 가질 수가 없게 된 것이다. 결국 서씨는 그 약간 더 많은 보수를 거절하기로 했다. 남만큼만 벽돌을 날랐고 남만큼만 땅을 팠다. 선조의 영광은 그렇게 하여 보존될 수밖에 없었다. 그리고 서씨는 아무도 나다니지 않는 한밤중을 택하고 동대문의 성벽에서 그 힘이 유지되고 있음을 명부의 선조들에게 알리고 있다는 것이었다.

대낮에 서씨가, 동대문의 바로 곁에 서서 행인들 중 누구 한 사람도 성벽을 이루고 있는 돌 한개의 위치 변화에 관심을 보내지 않고 지나다닐 때, 옮겨진 돌을 바라보며 빙그레 웃고 있는 그의 모습을 나는 쉽게 상상할 수 있었다. 그것이 서씨가 간직하고 있는 자기였고 내가 그와 접촉하면 할수록 빨려들어갈 수 있었던 깊이였던 모양이었다.

그 집 —— 그늘 많은 얼굴들이 살던 그 집에서 나는 나 자신 속에서 꿈틀거리는 안주에의 동경을 의식하지 않을 수 없었다. 그것은 그 사람들의 헤어날 길 없는 생활 속에 내가 휩쓸려들어가게 되는 것이 무서웠기 때문이었던 모양이다. 그러나 그 곳을 뚝 떠나서 이 한결같은 곡이 한결같은 악기로 연주되는 집에 오자 그것은 견디어 낼 수 없는 권태와 이 집에 대한 혐오증으로 형체를 바꾸는 것이었다. 나란 놈은 아마 알 수 없는 놈인가보다.

피아노 소리가 그쳤다. 무의식 중에 나는 방바닥에서 팔목 시계를 집어 올렸다. 내가 지금 무슨 행동을 했던가를 깨닫자 나는 쓴웃음이 나왔다. 피아노가 그친 시간을 재 보려고 했던 것이다. 그리고 나는 내일도 그 피아노가 그친 시간을 재서 그 시간들을 비교하며 이 집에 대한 혐오증의 이유를 강화시키려고 했던 것이다. 나는 자신에 대해서 어이가 없음을 느꼈다. 이런 느낌이 드는 것은, 그것은 조금 전에 내가 서씨의 그 거짓 없는 행위를 회상했던 덕분이 아니었을까? 서씨가 내게 보여 준 게 있다면 다소 몽상적인 의미에서의 성실이었고 그리고 그것은 이 양옥 속의 생활을 비판하는 데도 필수적으로 고려 되어야 한다는 것이 아닌가고 내게 생각되는 것이었다. 그러나 이 집으로 옮아온 다음 날의 저녁, 식사 시간도 잡담 시간도 지나고 모든 사람들의 공부 시간이 되자 나는 홀로 내 방의 벽에 기대앉아서 기타를 퉁겨보기 시작했던 때의 일을 기억하고 있다. 불현듯이 기타를 켜고 싶어지는 때가 있는 법이다. 그것은 감정의 요구이지만 그렇다고 비난할 건 못되지 않은가. 내가 줄을 고르며 음을 시험해 보고 있는데 다색 나왕으로 된 내 방문이 열리며 할아버지가 들어왔다. 그리고 나의 기타 켜는 시간은 오전 열 시부터 한 시간 동안 할머니와 며느리가 미싱을 돌리는 같은 시각으로 배치되었던 것이다. 위대한 가풍이 내게 작용한 첫 번이었다. 그러나 그 이후 내가 내게 주어진 그 시간을 이용해 본 적은 하루도 없었다. 흥이 나지 않아서였고 하면 적당한 표현이 되겠다.

절망감이 마루 끝에도 마당 가운데서도 방마다에도 차고 감돌던 창신동의 그 집에서는 식구들에게 그들이 오래 전에 잃어버렸던 형체없는 감동 같은 것을 조금씩은 깨우치고 영혼의 안정에 얼마간은 공헌할 수 있었던 나의 기타는 그래서 노인들이 우연한 한 마디에서 갑자기 자기의 늙음을 발견하듯이 낡아빠진 모습으로 방의 구석지에 기대어져 있지 않으면 안 되게 된 것이었다.

처음에 나는 이 집에 대하여 존경심을 가졌다. 그러나 나는 이내 그것이 처음 보는 경치에 보내는 감탄과 같은 성질의 것밖에는 되지 않음을 알았다. 이해와 감정과는 별개의 문제라는 것을 발견한 것도 그 때였다. 이 가족의 계획성 있는 움직임, 약간의 균열쯤은 금방 땜질해 버릴 수 있도록 훈련되어 있는 전진적 태도, 무엇인가 창조해 내고 있다는 듯한 자부심이 만들어 준 그늘 없는 표정 —— 문화라는 말을 쓸 수 있는 사람들이 있다면 바로 이 사람들이었다. 그리고 이것이야말로 인간이 희구하는 것이 아니었던가. 이 사람들은 매일매일 달리고 있는 것이었다. 따라서 어느 지점과의 거리를 단축시키고 있는 셈이었다. 이것은 나의 그들에 대한 이해였다.

그러나 그 어느 지점이 무한하게 먼 곳에 있을 때도 우리는 그들이 거리를 단축시키고 있다고 생각할 수 있을까? 더구나 나로 하여금 기타 켜는 시간의 제약까지를 주어 가면서 말이다. 차라리 이 사람들의 태도야말로 자신들은 걷고 있다고 믿으면서 사실은 매일매일 제자리 걸음을 하고 있는 바로 그것이 아닐까. 빈민가에 살던 사람들의 그 끝없는 공전 같아 뵈던 생활이 이곳보다는 오히려 더 알찬 것이 아니었을까. 이것이 나의 감정이었다. 그래서 마침내 어느 쪽인가 한편이 틀려 있다는 생각이 나를 몹시 짓누르기 시작했다. 본질적으로는 두 쪽이 같지 않느냐는 의문이 나의 내부 한쪽에서 솟아나오기도 했지만 그보다 더 강한 힘으로 나를 끌고 가는 '어느 쪽인가 한 편이 틀려 있다.' 라는 집념은 어디서 나온 것인지 나로서는 알 수 없었다. 그리고 마침내 그것은 발전하여, 미리 그러기로 되어 있었다는 듯이, 나는 이 양옥의 식구들 생활을 빈 껍데기에 비유하고 있었다. 빈껍데기 생활, 아니라면 적어도 방향이 틀린 생활, 습관적인 생활에 불과하다는 생각이 나를 끌고 갔다. 이 순간에 나는 꼭 무슨 행동을 해야만 할 것 같았다. 그리고 내가 한 행동이 누군가 좀 현명하고 인간을 잘 아는 사람에 의해서 심판받았으면 좋겠다고 생각했다.

꼭 무슨 행동이 필요하다는 충동이 그 날 오후 내처 나를 쿡쿡 찔렀다. 나는 누운 채 천장을 올려다보았다. 무늬 없는 베니어*로 된 갈색의 천장. 벽을 향하여 얼굴을 돌리면 병원의 그것처럼 깨끗한 벽.

그 날 오후 식구들이 돌아올 무렵에 나는 밖으로 나섰다. 나는 지금 내가 계획하고 있는 것이 근본적으로는 이 집 식구들을 바꾸어 놓으리라고는 물론 생각하지 않는다. 그러나 무엇인가 해야만 한다는 의무감에 가까운 생각이 나로 하여금 느릿느릿 걸어서 어느 약방 앞에까지 가게 했다. 벌써 날이 어두워져가고 있었기 때문에 약방 안의 진열장 안에는 불이 밝게 켜져 있었다. 그래서 거기에 진열되어 있는 약병이나 상자들은 장난감처럼 귀여워 보였다. 나는 약방의 문턱에 서서 허리를 구부리고 진열장 안을 구경했다. 고개를 들어보니 아주머니 한 사람이 진열장의 저편에서 몸을 이 쪽으로 내밀어 나를 굽어보고 있었다. 나는 아주머니를 향하여 히쭉 웃어 보이고는 이제 마치 무엇을 찾고 있는 듯한 태도로 진열장 안을 기웃거렸다. 나는 머뭇거리고 있는 것이었다.

---

* 베니어(Veneer) 합판용의 작은 판자.

무얼 찾느냐고 아주머니가 친절한 음성으로 물었다. 나는 여전히 고개를 숙인 채 진열장을 두리번거리면서, 흥분제 있느냐고 대답했다. 얼마나 필요하냐고 아주머니가 물었다. 나는 속으로 그 집 식구들을 헤어보았다. 할아버지, 할머니, 대학 강사, 며느리, 여고생, 식모, 손주딸, 모두 일곱 사람이었다. 나는 한 사람의 칠회분을 달라고 했다. 그러면서 그제야 나는 고개를 똑바로 들었다. 아주머니는 필요 이상으로 엄숙한 표정을 지으면서 상점의 안쪽에 있는 진열장으로 가서 정제의 약을 하얀 종이에 싸서 가지고 나왔다.

셈을 하고 돌아서자 나는 아까와는 달리 내 기분이 싸늘해져 있음을 느꼈다. 안도와 같은 것이었다. 그리고 오래간만에 주위를 천천히 구경할 수 있는 여유를 갖게 되었다. 저녁을 맞으면서 내 주위에는 셀 수 없이 많은 양옥들이 줄을 지어 서 있었다. 집집의 창마다 밝은 불이 켜져 있고 옛날의 그 마을에서와는 달리 조용하였고 향긋한 음식 냄새가 새어 나오고 있었다. 그러자 나는 나 자신이 이 평온한, 부자유하게 평온한 마을을 해방시켜 주러 온 악마라는 생각이 문득 들었고 어쩐지 그것이 나를 즐겁게 했다. 혹은 그 빈민가rk 파견한 척후인지도 몰라, 라고 나는 생각하며 나는 그 빈민가에 대하여 요 며칠 동안 지니고 있던 죄의식 비슷한 것이 사라져 있음을 깨달았다. 일종의 비겁한 보상행위라고 누가 곁에서 말했다면 나는 정말 즐거워져서 고개를 끄덕이며 웃었을 것이다.

내가 집으로 돌아왔을 때 식구들은 밥상을 받아 놓은 채 내가 올 때까지 기다리고 있었다. 밤 열 시 십 분 전이었다. 이제 몇 분만 있으면 식모는 보리차가 든 주전자와 컵을 대청마루 가운데의 탁자 위에 올려놓을 것이다. 식구들이 나오기 전에 먼저 내가 그 음료수에 빻아놓은 가루약을 넣어야만 하는 것이었다. 나는 약봉지를 들고 내 방문에 몸을 대고 식모를 기다리고 있었다. 그리고 그 때 나는 만일 내가 이 집 식구들의 음료수에 가루약을 타지 않고 지금 바로 그 빈민가로 돌아간다면 거기서 나는 무슨 행동을 할 것인가고 생각해 보았다. 그러나 그것을 생각해 낼 수가 없었다. 오히려 나는 내가 결코 그 곳으로 돌아가지는 않으리라는 걸 잘 알고 있었다. 이 생각은 아까 저녁때 약방에 가기 전의 생각과는 좀 모순된다는 것도 깨닫고 있었다. 그렇다고, 스스로 무의미하다고 인정하고 있는 이 계획을 중지하고 싶지도 않았다. 이것은 천박한 장난? 그렇지만 나는 기도하는 것처럼 엄숙했었다.

드디어 다른 식구들에 비해서 유난히 조용조용한 식모의 발자국 소리가 나고 주전자의 달그락거리는 소리가 났다. 식모가 문단속을 하러 나가는 소리가 난 뒤 나는 조용히 방문을 열었다. 그리고 가루약은 성공적으로 음료수에 용해되었다.

나는 내 방으로 돌아와서 다소 들뜬 마음으로 기다리고 있었다. 얼마 후, 나는 모두들 그 물을 마시는 것을 분명히 보았고 그들이 각기 자기 방으로 돌아가는 것을 보았다. 그리고 그들의 방의 불도 꺼졌다. 그러나 그들이 과연 잠을 이루고 있을까. 나는 그들이 다시 자기들의 방에 불을 켜고 앉아서 왜 잠이 오지 않고 마음이 들뜨는가를 생각하고 있기 바랐다. 나는 조용히 문을 열고 대청마루로 나와서 의자 위에 앉았다. 나는 기다리고 있었다. 그들이 방마다 불이 켜지기를.

꽤 오랜 시간이 지났다. 아무 소식이 없었다. 그러자 나는 잠들지 못하고 몸을 이리저리 뒤척이고 있을 그들을 상상해 보았다. 지금 그들은 잠든 체하고 있을 뿐인 것이다. 내가 이제라고 쾅 하고 피아노를 울리기 시작한다면 그들은 구원이라도 받은 듯이 뛰어나오리라. 물론 이 밤중에 무슨 소란이냐고 나를 나무란다는 대의명분으로서. 나는 피아노에 생각이 닿은 것이 기뻤다. 나는 피아노 앞으로 다가갔다. 그리고 뚜껑을 열었다. 건반이 어둠 속에서 하얗게 웃고 있었다. 나의 손가락들이 건반 위에 놓여졌다. 이제 손에 힘만 주면 되었다. 물론 곡도 무엇도 아닌 광폭한 소리만이 이 집을 떠내려 보낼 것이다.

여기서 공원의 그 젊은이는 그의 얘기를 그치었다.

"그저 덧붙여서 한 마디로 한다면⋯⋯."

하고 그 젊은이는 잠시 후에 얘기했다.

"그 날 밤 피아노가 그토록 시끄럽게 울렸음에도 불구하고 나를 피아노 앞에서 떼어내기 위해서 방문을 열고 나온 사람은 단 한 사람, 할아버지뿐이었습니다. 몇 개의 기침 소리를 들은 듯하기도 했습니다만."

피아노 앞에서 떨어져 나오면서 자기는 왜 그렇게 고독함을 느꼈고 그의 방으로 데려다 주기 위하여 그의 손목을 잡고 있는 할아버지의 팔이 왜 그렇게도 억세게 느껴졌는지 알 수가 없었다고 말하고 나서 그 젊은이는 나를 빤히 쳐다보며 물었다.

"어느 쪽이 틀려 있었을까요?"

"글쎄요."

라고 나는 대답하며 생각했다. 나로서는 얼른 믿어지지 않는 얘기다. 첫째, 그런 생활이 있을 것 같지 않고, 있다고 해도 어느 쪽이 반드시 틀렸다고 말할 수도 없고, 오히려 두 쪽 다 잔혹할 뿐이라는 점에서 똑같고, 어느 쪽이 틀렸다고 해도 그것은 그 젊은이가 이질적인 사실을 한눈에 동시에 보아 버리려는 데서 생긴 무리겠지, 라고

"내가 틀려 있었을까요?"

라고 그 젊은이는 다시 내게 물었다.

"글쎄요."

라고 대답하며 다시 나는 생각했다.

그러고 보니 아무도 틀려 있는 사람은 없는 듯하다, 그렇지만 이것도 자신 있는 생각은 아니고 솔직히 말하면 나도 모르겠다. 알 수 있는 것은 다만, 그 젊은이가 보았다는 두 가지 생활이 사실 내 바로 곁에 공존하고 있다고 하면 나도 좀 멍청해져 버리지 않을 수 없으리라는 느낌뿐이었다.

부록

작가와 작품 스터디

● 김원일 (1942~)

경상 남도 김해에서 태어났다. 1966년 〈매일 신문〉 신춘 문예에 〈1961년 알제리아〉가 당선된 뒤, 이듬해 〈현대 문학〉에서 주최하는 장편소설 공모에 〈어둠의 축제〉가 준당선되어 문단에 나왔다. 이후 분단 문제를 다룬 작품을 많이 발표했다. 소설집에 〈어둠의 혼〉, 〈노을〉, 〈겨울 골짜기〉, 〈늘 푸른 소나무〉 등이 있다.

● 이외수 (1946~)

경상 남도 함양에서 태어났다. 1975년 〈세대〉의 문예 현상 공모에 중편 〈훈장〉이 당선되면서 문단의 주목을 받기 시작했다. 저서에 장편 〈꿈꾸는 식물〉, 〈벽오금학도〉, 〈괴물〉을 비롯해 다수의 산문집, 우화집, 시집이 있다. 섬세한 감수성과 개성적인 문체로 독특한 작품 세계를 그려내고 있는 것이 특징이다.

● 김승옥 (1941~)

일본 오사카에서 태어났다. 1962년 〈한국 일보〉 신춘 문예에 〈생명 연습〉이 당선되어 등단했다. 대표작으로 〈무진 기행〉, 〈서울, 1964년 겨울〉, 〈서울의 달빛 0장〉 등이 있다. 감각적인 문체로 많은 독자를 사로잡아 왔으나, 1980년 〈동아 일보〉에 연재하던 〈먼지의 방〉을 15회로 중단한 후, 신앙 생활에만 전념하고 있다.

● **농무 일기**　이 작품은 대립적인 위치에 있는 두 소년의 눈을 통해 바라본 세상을 일기라는 형식을 빌려 번갈아 가며 그리고 있다. 종세의 아버지는 면청이 있는 상리 지서에서 오유리에 파견 나와 있는 단 한 명의 순경이었다. 그런 종세의 아버지가, 오유리 개발촉진회 위원장과 사무장을 도끼로 찍어 죽인 열추 아버지를 쏘아 죽였다. 종세는 아버지의 공적에 우쭐해졌으나, 아버지를 잃은 열추는 커다란 상실감에 빠진다.

● **개미귀신**　삼촌은 말더듬이에 절름발이였다. 그런 삼촌을 학대하던 삼촌의 아버지가 죽자, 친척들은 돈을 모아 삼촌에게 화실을 꾸며 주었다. 그러던 어느 여름, 삼촌의 화실에 한 여자가 찾아왔다. 그녀는 삼촌의 그림을 사랑했으며, 삼촌은 그녀를 사랑하게 되었다. 그것이 비극의 시작이었다. 여자는 그림이 아니라 자신에게 집착하는 삼촌을 결국 떠나갔으며, 이 때문에 한동안 괴로워하던 삼촌은 유일한 역작을 남기고 자살한다.

● **무진 기행**　'나'는 아내의 권유로 고향인 무진으로 떠난다. 승진을 위해 잠시 서울을 떠나는 것이다. 무진에 가서 후배와 동창을 만난다. 거기서 하인숙이라는 음악 선생을 소개받는다. 하인숙은 무진에서 자신을 구해 줄 것을 '나'에게 간청한다. '나'는 그녀를 사랑함을 느끼고 그녀를 데리고 서울로 떠날 것을 결심한다. 하지만 아내의 전보를 받고 의식을 깨치며 혼자서 무진을 떠나간다.

● **서울, 1964년 겨울**　'나'는 술집에서 대학원생 '안'과 대화를 나누게 된다. 일어나려 할 때 30대 남자가 동행을 간청한다. 그는 죽은 아내의 시체를 병원에 팔아서 받은 돈을 모두 쓸 것이라고 말한다. 셋은 함께 있다가 여관에 들어선다. 각자 다른 방에 들어간 다음 날 30대 남자가 죽은 것을 발견한다. '나'와 '안'은 도망치듯 빠져나와 각자의 길로 간다.

논술 가이드

〈어둠의 혼〉의 두 대목입니다. 제시문을 읽고 다음 문제에 답하시오.
[문항 1]

> 대추나무 뒷편 하늘은 벌써 짙은 보라색이다. 나는 보라색을 싫어한다. 손톱에 들이는 봉숭아물도, 닭벼슬 같은 맨드라미꽃도, 코스모스의 보라색 꽃도 다 싫다. 어머니의 젖꼭지 색깔까지도 싫다. 보라색은 어쩐지 아버지의 하는 일을 떠올리게 해주고 어머니의 피멍든 얼굴을 생각나게 한다.

> 아버지, 이 세상에 맨 처음 달걀이 먼저 나왔게요, 닭이 먼저 나왔게요? 나의 당돌한 질문을 받자 아버지의 얼굴에 당황하는 빛이 지나갔다.
> (중략) 너도 자라나면 차츰 알게 되겠지만, 이 세상은 참 수수께끼란다. 모른다는 것이 맞는 답이 참 많거던.

(1) 이 소설에서 소년 갑해의 내면 세계는 색채 감각적으로 표현되어 있습니다. 위의 첫번째 글을 참고로 하여 보라색을 통해 갑해의 의식 세계가 어떠한 형태로 나타나고 있는지 살펴봅시다.

----

(2) 두 번째 글에서 갑해의 질문에 대한 아버지의 대답을 통해, 아버지가 아들에게 일깨워 주고자 한 바가 무엇인지 짐작해 봅시다.

〈개미귀신〉의 두 대목입니다. 제시문을 읽고 다음 문제에 답하시오.

[문항 2]

> "그, 그림은 취 취미삼아 그리는 게 아니야……."
>
> 하지만 개미귀신이 왜 거기에 끼어들었던 것일까. 그리고 개미귀신이 크면 또 무엇이 된다는 것일까.
>
> 삼촌은 개미귀신이 모든 곤충들 중에서 가장 자기와 닮아 있다고 말했었다. 개미귀신의 다리는 다른 곤충들의 애벌레와는 달라 뒤로 아래로 향해서밖에는 움직일 수 없도록 되어 있다는 거였다. 또 크면 날개를 가진다고도 했다.

> 형편없이 초라해져 있다고 하더라도, 아직 나는 자살할 수가 없습니다. 끝이 보이지 않기 때문입니다. 다시 한 번 말하지만 그림을 그리시기를 빕니다. 끝이 보일 때까지.

(1) 아무런 관련도 없어 보이는 '개미귀신, 삼촌, 날개, 그림'은 이 작품 속에서 주제를 뒷받침하는 중요한 도구로 쓰이고 있습니다. 위의 첫번째 글을 참고하여, 이 네 낱말의 상관 관계를 세 문장 안팎으로 압축하여 설명해 봅시다.

----

(2) 위의 두 번째 글은 여자가 떠나면서 삼촌에게 남긴 편지의 일부입니다. 이 작품에 여러 차례 반복되고 있는 '끝'이란 무엇을 상징하고 있는지 생각하고, 그것이 삼촌의 경우에는 어떠한 형태로 구체화되었는지 말해 봅시다.

〈무진 기행〉의 두 대목입니다. 제시문을 읽고 다음 문제에 답하시오.

[문항 3]

> 여 선생은 '목포의 눈물'을 부르고 있었다. (중략)
>
> 그 여자가 부르는 '목포의 눈물'에는 작부들이 부르는 그것에서 들을 수 있는 것과 같은 꺾임이 없었고 대체로 유행가를 살려 주는 목소리의 갈라짐이 없었고, 흔히 유행가가 내용으로 하는 청승맞음이 없었다. 그 여자의 '목포의 눈물'은 이미 유행가가 아니었다.

> 오랫동안 우리는 다투었다. 그래서 전보와 나는 타협안을 만들었다. 한 번만, 마지막으로 한 번만 이 무진을, 안개를, 외롭게 미쳐가는 것을, 유행가를, 술집 여자의 자살을, 배반을, 무책임을 긍정하기로 하자. 마지막으로 한 번만이다. (중략)
>
> 쓰고 나서 나는 그 편지를 읽어 봤다. 또 한 번 읽어 봤다. 그리고 찢어 버렸다.

(1) 첫번째 글에서 '나'는 여선생이 부르는 '목포의 눈물'이 유행가가 아니라고 생각합니다. 그 이유를 설명해 봅시다.

----

(2) 두 번째 글에서 편지를 찢어 버린 남자의 행동이 의미하는 것은 무엇인지 설명해 봅시다. 또, 이후 남자가 보인 행동에 대한 여러분의 생각도 함께 말해 봅시다.

〈서울, 1964년 겨울〉의 두 대목입니다. 제시문을 읽고 다음 문제에 답하시오.
[문항 4]

"아내의 시체를 병원에 팔았습니다. 할 수 없었습니다. 난 서적 월부 판매 외교원에 지나지 않습니다. 할 수 없습니다. 돈 사천 원을 주더군요. 난 두 분을 만나기 얼마 전까지도 세브란스 병원 울타리 곁에 서 있었습니다. 아내가 누워 있을 시체실이 있는 건물을 알아보려고 했습니다만 어딘지 알 수 없었습니다. 그냥 울타리 곁에 앉아서 병원의 큰 굴뚝에서 나오는 희끄무레한 연기만 바라보고 있었습니다. 아내는 어떻게 될까요? 학생들이 해부 실습 하느라고 톱으로 머리를 자르고 칼로 배를 찢고 한다는데 정말 그러겠지요?"

"난 짐작하고 있었습니다."
그는 코트깃을 세우며 말했다.
"그렇지만 어떻게 합니까?"
"그렇지요. 할 수 없지요. 난 짐작도 못 했는데……."
내가 말했다.

(1) 첫번째 글에서 아내의 시체를 팔아 버린 남자의 행동에 대한 각자의 생각을 말해 봅시다.

----

(2) 두 번째 글에서 두 사람이 왜 자살한 사람을 그냥 두고 나왔는지, 짐작은 했지만 할 수 없다고 말하는 이유는 무엇인지 설명해 봅시다.

〈베스트 논술 한국대표문학〉(전60권) 목록

권별	작품	작가
1	무정 I	이광수
2	무정 II	이광수
3	무명 · 꿈 · 옥수수 · 할멈	이광수
4	감자 · 시골 황 서방 · 광화사 · 붉은 산 · 김연실전 외	김동인
5	발가락이 닮았다 · 왕부의 낙조 · 전제자 · 명문 외	김동인
6	배따라기 · 약한 자의 슬픔 · 광염 소나타 외	김동인
7	B사감과 러브레터 · 서투른 도적 · 술 권하는 사회 · 빈처 외	현진건
8	운수 좋은 날 · 까막잡기 · 연애의 청산 · 정조와 약가 외	현진건
9	벙어리 삼룡이 · 뽕 · 젊은이의 시절 · 행랑 자식 외	나도향
10	물레방아 · 꿈 · 계집 하인 · 별을 안거든 우지나 말 걸 외	나도향
11	상록수 I	심훈
12	상록수 II	심훈
13	탈춤 · 황공의 최후 / 적빈 · 꺼래이 · 혼명에서 외	심훈 / 백신애
14	태평 천하	채만식
15	레디메이드 인생 · 순공 있는 일요일 · 쑥국새 외	채만식
16	명일 · 미스터 방 · 민족의 죄인 · 병이 낫거든 외	채만식
17	동백꽃 · 산골 나그네 · 노다지 · 총각과 맹꽁이 외	김유정
18	금 따는 콩밭 · 봄봄 · 따라지 · 소낙비 · 만무방 외	김유정
19	백치 아다다 · 마부 · 병풍에 그린 닭이 · 신기루 외	계용묵
20	표본실의 청개구리 · 두 파산 · 이사 외 / 모범 경작생	염상섭 / 박영준
21	탈출기 · 홍염 · 고국 · 그믐밤 · 폭군 · 박돌의 죽음 외	최서해
22	메밀꽃 필 무렵 · 낙엽기 · 돈 · 석류 · 들 · 수탉 외	이효석
23	분녀 · 개살구 · 산 · 오리온과 능금 · 가을과 산양 외	이효석
24	무녀도 · 역마 · 까치 소리 · 화랑의 후예 · 등신불 외	김동리
25	하수도 공사 / 지맥 / 그 날의 햇빛은 · 갈가마귀 그 소리	박화성 / 최정희 / 손소희
26	지하촌 · 소금 · 원고료 이백 원 외 / 경희	강경애 / 나혜석
27	제3인간형 / 제일과 제일장 외 / 사랑 손님과 어머니 외	안수길 / 이무영 / 주요섭
28	날개 · 오감도 · 지주 회시 · 환시기 · 실화 · 권태 외	이상
29	봉별기 · 종생기 · 조춘점묘 · 지도의 암실 · 추등잡필	이상
30	화수분 외 / 김 강사와 T교수 · 창랑 정기 / 성황당	전영택 / 유진오 / 정비석

권별	작품	작가
31	민촌 / 해방 전후 · 달밤 외 / 과도기 · 강아지	이기영 / 이태준 / 한설야
32	소설가 구보씨의 일일 / 장삼이사 · 비오는 길 /	박태원 / 최명익
	석공 조합 대표 / 낙동강 · 농촌 사람들 · 저기압	송영 / 조명희
33	모래톱 이야기 · 사하촌 외 / 갯마을 / 혈맥 / 전황당인보기	김정한 / 오영수 / 김영수 / 정한숙
34	바비도 외 / 요한 시집 / 젊은 느티나무 외 / 실비명 외	김성한 / 장용학 / 강신재 / 김이석
35	잉여 인간 / 불꽃 / 꺼삐딴 리 · 사수 / 연기된 재판	손창섭 / 선우휘 / 전광용 / 유주현
36	탈향 외 / 수난 이대 외 / 유예 / 오발탄 외 / 4월의 끝	이호철/ 하근찬/ 오상원/ 이범선/ 한수산
37	총독의 소리 / 유형의 땅 / 세례 요한의 돌	최인훈 / 조정래 / 정을병
38	어둠의 혼 / 개미귀신 / 무진 기행 · 서울 1964년 겨울 외	김원일 / 이외수 / 김승옥
39	뫼비우스의 띠 / 악령 / 식구	조세희 / 김주영 / 박범신
	관촌 수필 / 기억 속의 들꽃 / 젊은 날의 초상	이문구 / 윤흥길 / 이문열
40	김소월 시집	김소월
41	윤동주 시집	윤동주
42	한용운 시집	한용운
43	한국 고전 시가와 수필	유리왕 외
44	한국 대표 수필선	김진섭 외
45	한국 대표 시조선	이규보 외
46	한국 대표 시선	최남선 외
47	혈의 누 · 모란봉	이인직
48	귀의 성	이인직
49	금수 회의록 · 공진회 / 추월색	안국선 / 최찬식
50	자유종 · 구마검 / 애국부인전 / 꿈하늘	이해조 / 장지연 / 신채호
51	삼국유사	일연
52	금오신화 / 홍길동전 / 임진록	김시습 / 허균 / 작자 미상
53	인현왕후전 / 계축일기	작자 미상
54	난중일기	이순신
55	흥부전 / 장화홍련전 / 토끼전 / 배비장전	작자 미상
56	춘향전 / 심청전 / 박씨전	작자 미상
57	구운몽 · 사씨 남정기	김만중
58	한중록	혜경궁 홍씨
59	열하일기	박지원
60	목민심서	정약용

〈베스트 논술 한국대표문학〉에 실린 소설과 교과서 대조표

* 〈베스트 논술 한국대표문학〉에 실린 소설과 현행 국어 · 문학 18종 교과서의 수록 내용을 비교 · 분석하였다.

● 초등 학교 교과서(국어)

금오신화, 구운몽, 심청전,
흥부전, 토끼전, 박씨전,
장화홍련전, 홍길동전

● 국정 교과서

작품	작가	교과목
고향	현진건	고등 학교 문법
동백꽃	김유정	중학교 국어 2-1, 중학교 국어 3-1
벙어리 삼룡이	나도향	중학교 국어 1-1
봄봄	김유정	고등 학교 국어(상)
사랑 손님과 어머니	주요섭	중학교 국어 2-1
오발탄	이범선	중학교 국어 3-1
운수 좋은 날	현진건	중학교 국어 3-1

● 고등 학교 문학 교과서

작품	작품	출판사
감자	김동인	교학, 지학, 디딤돌, 상문
갯마을	오영수	문원, 형설
고향	현진건	두산, 지학, 청문, 중앙, 교학, 문원, 민중, 블랙, 디딤돌
관촌 수필	이문구	지학, 문원, 블랙
광염 소나타	김동인	천재, 태성

금 따는 콩밭	김유정	중앙
금수회의록	안국선	지학, 문원, 블랙, 교학, 대한, 태성, 청문, 디딤돌
김 강사와 T교수	유진오	중앙
까마귀	이태준	민중
꺼삐딴 리	전광용	지학, 중앙, 두산, 블랙, 디딤돌, 천재, 케이스
날개	이상	문원, 교학, 중앙, 민중, 천재, 형설, 청문, 태성, 케이스
논 이야기	채만식	두산, 상문, 중앙, 교학
닳아지는 살들	이호철	천재, 청문
동백꽃	김유정	금성, 두산, 블랙, 교학, 상문, 중앙, 지학, 태성, 형설, 디딤돌, 케이스
두 파산	염상섭	문원, 상문, 천재, 교학
등신불	김동리	중앙, 두산
만무방	김유정	민중, 천재, 두산
메밀꽃 필 무렵	이효석	금성, 상문, 중앙, 교학, 문원, 민중, 블랙, 디딤돌, 지학, 청문, 천재, 케이스
모래톱 이야기	김정한	디딤돌, 교학, 문원
모범경작생	박영준	중앙
뫼비우스의 띠	조세희	두산, 블랙
무녀도	김동리	천재, 지학, 청문, 금성, 문원, 민중, 케이스

작품	작가	출판사
무정	이광수	디딤돌, 금성, 두산, 교학, 한교
무진기행	김승옥	두산, 천재, 태성, 교학, 문원, 민중, 케이스
바비도	김성한	민중, 상문
배따라기	김동인	상문, 형설, 중앙
벙어리 삼룡이	나도향	민중
복덕방	이태준	블랙, 교학
봄봄	김유정	디딤돌, 문원
붉은 산	김동인	중앙
B사감과 러브레터	현진건	교학
사랑 손님과 어머니	주요섭	중앙, 디딤돌, 민중, 상문
사수	전광용	두산
사하촌	김정한	중앙, 문원, 민중
산	이효석	문원, 형설
서울, 1964년 겨울	김승옥	문원, 블랙, 천재, 교학, 지학, 중앙
성황당	정비석	형설
소설가 구보씨의 일일	박태원	중앙, 천재, 교학, 대한, 형설, 문원, 민중
수난 이대	하근찬	교학, 지학, 중앙, 문원, 민중, 디딤돌, 케이스
애국부인전	장지연	지학, 한교
어둠의 혼	김원일	천재
역마	김동리	교학, 두산, 천재, 태성, 형설, 상문, 디딤돌
역사	김승옥	중앙
오발탄	이범선	교학, 중앙, 금성, 두산
요한 시집	장용학	교학
운수 좋은 날	현진건	금성, 문원, 천재, 지학, 민중, 두산, 디딤돌, 케이스
유예	오상원	블랙, 천재, 중앙, 교학, 디딤돌, 민중
자유종	이해조	지학, 한교
장삼이사	최명익	천재
전황당인보기	정한숙	중앙
젊은 날의 초상	이문열	지학
젊은 느티나무	강신재	블랙, 중앙, 문원, 상문
제일과 제일장	이무영	중앙
치숙	채만식	문원, 청문, 중앙, 민중, 상문, 케이스
탈출기	최서해	형설, 두산, 민중
탈향	이호철	케이스
태평 천하	채만식	지학, 금성, 블랙, 교학, 형설, 태성, 디딤돌
표본실의 청개구리	염상섭	금성
학마을 사람들	이범선	민중
할머니의 죽음	현진건	중앙
해방 전후	이태준	천재
혈의 누	이인직	천재, 금성, 민중, 교학, 태성, 청문
홍염	최서해	상문, 지학, 금성, 두산, 케이스
화수분	전영택	태성, 중앙, 디딤돌, 블랙

〈베스트 논술 한국대표문학〉에 실린 시와 교과서 대조표

* 〈베스트 논술 한국대표문학〉에 실린 시와 현행 국어·문학 18종 교과서의 수록 내용을 비교·분석하였다.

작품	작가	출판사	작품	작가	출판사
가는 길	김소월	지학, 블랙, 민중	남으로 창을 내겠소	김상용	지학, 한교, 상문
가을의 기도	김현승	블랙	내 마음은	김동명	중앙, 상문
겨울 바다	김남조	지학	내 마음을 아실 이	김영랑	한교
고향	백석	형설	농무	신경림	지학, 디딤, 금성, 블랙, 교학, 형설, 청문
국경의 밤	김동환	지학, 천재, 금성, 블랙, 태성			
국화 옆에서	서정주	민중	누가 하늘을 보았다 하는가	신동엽	두산
귀천	천상병	지학, 디딤돌	눈길	고은	문원
귀촉도	서정주	지학	님의 침묵	한용운	지학, 천재, 두산, 교학, 민중, 한교, 태성, 디딤돌
그 날이 오면	심훈	지학, 블랙, 교학, 중앙			
그대들 돌아오시니	정지용	두산	떠나가는 배	박용철	지학, 한교
그 먼 나라를 알으십니까	신석정	교학, 대한	머슴 대길이	고은	디딤돌, 천재
			먼 후일	김소월	청문
껍데기는 가라	신동엽	지학, 천재, 금성, 블랙, 교학, 한교, 상문, 형설, 청문	모란이 피기까지는	김영랑	지학, 천재, 금성, 형설
			목계 장터	신경림	문원, 한교, 청문
꽃	김춘수	금성, 문원, 교학, 중앙, 형설	목마와 숙녀	박인환	민중
			바다와 나비	김기림	금성, 블랙, 한교, 대한, 형설
끝없는 강물이 흐르네	김영랑	디딤, 교학	바위	유치환	금성, 문원, 중앙, 한교
나그네	박목월	천재, 블랙, 중앙, 한교	별 헤는 밤	윤동주	문원, 민중
나룻배와 행인	한용운	문원, 블랙, 대한, 형설	봄은 간다	김억	한교, 교학
남신의주 유동 박시봉방	백석	지학, 두산, 상문	봄은 고양이로다	이장희	블랙

작품	작가	출판사
불놀이	주요한	금성, 형설
빼앗긴 들에도 봄은 오는가	이상화	지학, 천재, 문원, 블랙, 디딤돌, 중앙
산 너머 남촌에는	김동환	천재, 블랙, 민중
산유화	김소월	두산, 민중
살아 있는 것이 있다면	박인환	대한, 교학
살아 있는 날은	이해인	교학
생명의 서	유치환	한교, 대한
샤갈의 마을에 내리는 눈	김춘수	지학, 블랙, 태성
서시	윤동주	디딤돌, 민중
설일	김남조	교학
성묘	고은	교학
성북동 비둘기	김광섭	지학
쉽게 씌어진 시	윤동주	지학, 디딤돌, 중앙
승무	조지훈	지학, 디딤돌, 금성
알 수 없어요	한용운	중앙, 대한
어서 너는 오너라	박두진	디딤돌, 금성, 한교, 교학
오감도	이상	디딤돌, 대한
와사등	김광균	민중
우리가 물이 되어	강은교	지학, 문원, 교학, 형설, 청문, 디딤돌
우리 오빠의 화로	임화	디딤돌, 대한
울음이 타는 가을 강	박재삼	지학, 교학
자수	허영자	교학

작품	작가	출판사
자화상	노천명	민중
절정	이육사	지학, 천재, 금성, 두산, 문원, 블랙, 교학, 태성, 청문, 디딤돌
접동새	김소월	교학, 한교
조그만 사랑 노래	황동규	문원, 중앙
즐거운 편지	황동규	지학, 형설, 청문
진달래꽃	김소월	천재, 태성
청노루	박목월	지학, 문원, 상문
초토의 시 8	구상	지학, 천재, 두산, 상문, 태성
초혼	김소월	디딤돌, 금성, 문원
타는 목마름으로	김지하	디딤돌, 금성, 문원, 민중
풀	김수영	지학, 금성, 민중, 한교, 태성
프란츠 카프카	오규원	천재, 태성
피아노	전봉건	태성
해	박두진	두산, 블랙, 민중, 형설
해에게서 소년에게	최남선	지학, 천재, 금성, 두산, 문원, 민중, 한교, 대한, 형설, 태성, 청문, 디딤돌
향수	정지용	지학, 문원, 블랙, 교학, 한교, 상문, 청문, 디딤돌

시 교과서 대조표 215

〈베스트 논술 한국대표문학〉에 실린 시조와 교과서 대조표

* 〈베스트 논술 한국대표문학〉에 실린 시조와 현행 국어 · 문학 18종 교과서의 수록 내용을 비교 · 분석하였다.

작품	작가	출판사
가노라 삼각산아	김상헌	교학, 형설
가마귀 눈비 맞아	백팽년	교학
가마귀 싸우는 골에	정몽주 어머니	교학
강호 사시가	맹사성	디딤돌, 두산, 교학
고산구곡	이이	한교
공명을 즐겨 마라	김삼현	지학
구름이 무심탄 말이	이존오	천재
국화야 너난 어이	이정보	블랙
녹초 청강상에	서익	지학
농암가	이현보	민중
뉘라서 가마귀를	박효관	교학
님 그린 상사몽이	박효관	천재
대추볼 붉은 골에	황희	중앙
도산 십이곡	이황	디딤돌, 블랙, 민중, 형설, 태성
동짓달 기나긴 밤을	황진이	지학, 천재, 금성, 두산, 문원, 교학, 상문, 대한
마음이 어린후니	서경덕	지학, 금성, 블랙, 한교
말없는 청산이요	성혼	지학, 천재
방안에 혔는 촉불	이개	천재, 금성, 교학
백구야 말 물어보자	김천택	지학
백설이 자자진 골에	이색	지학
삭풍은 나무끝에	김종서	중앙, 형설
산촌에 눈이 오니	신흠	지학

작품	작가	출판사
삼동에 베옷 닙고	조식	지학, 형설
산인교 나린 물이	정도전	천재
수양산 바라보며	성삼문	천재, 교학
십년을 경영하여	송순	지학, 금성, 블랙, 중앙, 한교, 상문, 대한, 형설
어리고 성긴 매화	안민영	형설
어부사시사	윤선도	금성, 문원, 민중, 상문, 대한, 형설, 청문
오리의 짧은 다리	김구	청문
오백년 도읍지를	길재	블랙, 청문
오우가	윤선도	형설
이몸이 죽어가서	성삼문	지학, 두산, 민중, 대한, 형설
이시렴 부디 갈다	성종	지학
이화에 월백하고	이조년	디딤돌, 천재, 두산
이화우 흣뿌릴 제	계랑	한교
재너머 성권농 집에	정철	천재, 형설
천만리 머나먼 길에	왕방연	문원, 블랙
청산리 벽계수야	황진이	지학
추강에 밤이 드니	월산대군	천재, 금성, 민중
춘산에 눈녹인 바람	우탁	디딤돌
풍상이 섞어 친 날에	송순	지학, 청문
한손에 막대 잡고	우탁	금성
훈민가	정철	지학, 금성
흥망이 유수하니	원천석	천재, 중앙, 한교, 디딤돌, 대한

〈베스트 논술 한국대표문학〉에 실린 수필과 교과서 대조표

* 〈베스트 논술 한국대표문학〉에 실린 수필과 현행 국어 · 문학 18종 교과서의 수록 내용을 비교 · 분석하였다.

작품	작가	출판사
가난한 날의 행복	김소운	천재
가람 일기	이병기	지학
구두	계용묵	디딤돌, 문원, 상문, 대한
그믐달	나도향	블랙, 태성
꼴찌에게 보내는 갈채	박완서	태성
나무	이양하	상문
나무의 위의	이양하	문원, 태성
낭객의 신년 만필	신채호	두산, 블랙, 한교
딸깍발이	이희승	지학, 디딤돌, 청문
멋없는 세상 멋있는 사람	김태길	중앙
무궁화	이양하	디딤돌
백설부	김진섭	지학, 천재, 형설, 태성, 청문
생활인의 철학	김진섭	지학, 태성
수필	피천득	지학, 천재, 한교, 태성, 청문
수학이 모르는 지혜	김형석	청문
슬픔에 관하여	유달영	문원, 중앙
웃음설	양주동	교학, 태성
은전 한 닢	피천득	금성, 대한
이야기	피천득	지학, 청문
인생의 묘미	김소운	지학
지조론	조지훈	블랙, 한교
청춘 예찬	민태원	금성, 블랙
특급품	김소운	교학
폭포와 분수	이어령	지학, 블랙
피딴 문답	김소운	디딤돌, 금성, 한교
행복의 메타포	안병욱	교학
헐려 짓는 광화문	설의식	두산

베스트 논술 한국대표문학 ㊳

어둠의 혼 · 개미귀신 외

지은이 김원일 / 이외수 / 김승옥
펴낸이 류성관
펴낸곳 SR&B(새로본닷컴)
주 소 서울특별시 마포구 망원동 463-2번지
전 화 02)333-5413
팩 스 02)333-5418
등 록 제10-2307호
인 쇄 만리 인쇄사